超基礎
第二言語習得研究
SLA

奥野由紀子 [編著]

岩﨑典子　小口悠紀子　小林明子　櫻井千穂

嶋ちはる　中石ゆうこ　渡部倫子 [著]

Kurosio

くろしお出版

はじめに ‥‥‥‥‥‥‥‥‥‥‥‥‥‥‥‥‥‥‥‥‥‥‥‥‥‥‥‥‥

　本書は、『超基礎』シリーズとして、第二言語習得（SLA）研究の入り口を知っ
てもらうために刊行したものです。SLA 研究の「入り口」と言っても、最新の
研究動向を踏まえ、SLA 研究の知見を教育や社会にどう生かしていけるのかに
ついて考える点が本書の特徴です。また、本書全体を通して、自らの第二言語
（L2）の習得経験をふり返ったり、SLA について常日頃疑問に思っていることに
ついて、共に学ぶ仲間と考えたりするタスクを多く取り入れ、能動的な学びが
体感できる構成になっています。

　本書の執筆者の 8 名は、私を含め全員が日本語教育に携わっています。です
ので、本書では日本語の習得や日本語教育を例に SLA を考えていきますが、英
語習得についての文献も参照し、日本語以外の言語の習得や学習についても考
える機会を設けています。これまで日本語教育にあまり馴染みがない方にとっ
ても、身近な L2 日本語使用者（日本語学習者）に思いを馳せたり、昨今の日本に
おける多言語・多文化社会について考えたり、日本語教育について興味をもっ
ていただくきっかけになると嬉しく思います。

　SLA 研究の歴史はそう長くはありませんが、SLA 観の変化と共に、初期の頃
とは随分と用語も変わってきています。今回、執筆する中でどの用語を用いる
かについても執筆者間で話し合いながら決めていきました。急速なオンライン
化や人の移動により、多言語・多文化が前提の社会となってきています。その
流れの中で、SLA 研究もこれまでの「当たり前」をクリティカルにとらえ直し
ながら、前向きに歩みを進めています。本書を通してその潮流を感じていただ
けるのではないかと思っています。また、CLD 児（文化的言語的に多様な子ど
も）を含め、多様な言語文化背景を持っている人たちとよりよい社会を作るため
に SLA 研究の知見をどのように生かしていけるのか考えていきたいという思い
を込めて本書を作成しました。

　本書は約 1 年の試用を経て、出版に至りました。試用版による授業を実際に
体験して有益なご意見をくださった大阪大学、南山大学、一橋大学、東京都立

大学の受講生の皆様にこの場を借りて御礼申し上げます。また、本書の出版にあたって、くろしお出版の市川麻里子さんには、企画から編集、校正に至るまで大変お世話になりました。改めて御礼申し上げます。

　そして、本書を手にとってくださった皆様、授業に採用くださった皆様に感謝いたします。本書が SLA 研究、言語教育の入り口での道先案内としてお役に立てたら幸いです。

2021 年 11 月

編著者　奥野由紀子

目　次

本書の使い方

本書の対象者

本書は、以下の人が対象です。

○ SLA 研究の入門者
○ 大学学部生・大学院生
○ 日本語教師を目指す人
○ 第二言語の習得、言語教育に興味のある人
○ 日本語を教えていて SLA 研究を学びたい人
○ 日本語教育の視点で SLA 研究を再確認したい人

主に大学の授業では、「第二言語習得研究概論」などを受講する日本語教育主専攻・副専攻の学部生や大学院生を対象としています。「日本語」や「日本語教育」を例にとりあげていますが、SLA 研究の基礎知識から最新の動向についても書かれていますので、英語教育専攻の学部生や、言語習得に興味のある他学部の学生にも使っていただけます。

各章の内容

本書で学ぶ内容は大まかに以下のセクション・段階に分かれています。

■第 1 章〜第 4 章	SLA 研究に関する基本的な概念、言語習得観、L1 の影響や「エラー」のとらえ方の変遷、認知プロセスについて学ぶ。
■第 5 章〜第 9 章	個人差や L2 を学ぶ環境が SLA にどのような影響を与えるのか、CLD 児の言語習得はどのようになされるのかについて学ぶ。また、多言語・多文化化する日本における日本語の学習支援の現状や課題、多様な L2 日本語使用者とよりよい社会を作る方策について考える。
■第 10 章〜第 12 章	SLA 研究に基づいた、コミュニケーション能力を育てる日本語の指導法、内容と言語のどちらも重視する日本語の指導法を学ぶ。また、SLA を生かした評価法について考える。
■第 13 章〜第 14 章	SLA の研究のタネを見つけてリサーチクエスチョン（RQ：研究課題）を具体的に設定するやり方や、研究方法の基本的なプロセスを学ぶ。また、量的研究、質的研究のデータ収集方法や分析方法、さらに研究成果をシェアする重要性について知る。
■第 15 章	SLA 研究の動向を確認し、常に進化し続ける SLA 研究の新しい観点や、今後の方向性について考える。

「はじめに」でも述べたように、本書は SLA 研究の基本的なところから最新の教育の動向のエッセンスがわかりやすく、できるだけ具体的に示されています。また、多言語・多文化化する日本における学習支援の現状や課題についても示されています。今後 SLA 研究の知見をどう生かしていけるのかについても是非考えてみてください。

For teachers
☞ **授業をする際のポイント** 授業を進める際には、自分自身の言語習得体験や周りの L2 使用者の習得状況や環境など具体的な経験から考えていくとよいでしょう。また、クラスの中に、L2 日本語使用者や、実際に L2 としての日本語を教えたり、支援したりしている人がいると、どのように習得してきたのか、どのように教えているかなど、具体的な経験が聞けて活動より活性化します。

　また、本書では、これまで日本語教育で定着してきた「学習者」ではなく「L2 使用者」、「誤用」ではなく「NTL（non-target-like）」など、教師が使い慣れていないものもあるかもしれません。SLA 研究は日進月歩の分野であることを伝え、教師自身も意識改革中であることを学生に伝えてもいいでしょう。そうすることで学生と共に学ぶ同志としてより対等な関係が築けるかもしれません。ちなみにこの教科書で学んだ学生は「L2 使用者」「NTL」という用語も自然に使用できるようになります。

各章の構成

本書に収められた全 15 章はそれぞれ下記の順序で構成されています。

「この章のポイント！」「キーワード」

　➡「1. 節：本文」「課題 1」➡「2. 節：本文」「課題 2」➡…(節の数は各章で異なります)

　　➡「まとめ」➡「もっと知りたい人へ」➡「コラム」

「この章のポイント！」「キーワード」について

「この章のポイント！」では、背景的知識とその章で考えてほしい「ねらい」が示されています。学習を始める前に、その章でどのようなことを学ぶのか、あらかじめ全体像が把握できるようにしてあります。授業の前に確認しましょう。

　「キーワード」は、その章の重要なキーワードが挙げられています。

For teachers
☞ **授業をする際のポイント** 「この章のポイント！」は、学生の予習として活用するほか、授業導入として用いることでスムーズにその日の授業内容に入っていけます。「キーワード」は、学生がすでにどれくらいの知識があるのかを確認したり、復習

に活用するほか、学生の理解内容を確認するために、口頭や記述（確認テストや期末テスト）でキーワードの説明ができるか問うてみるという使い方もできます。

「課題」について

本書は**アクティブ・ラーニング**で授業が行えるように設計されています。**ワークシート**はこちらから**ダウンロード**してご使用いただけます。

> 超基礎 SLA website：https://www.9640.jp/books_884/

課題には個人で取り組む課題とグループで取り組む課題があります。

課題 1 このマークがある課題は、個人で取り組む課題です。

課題 1 このマークがある課題は、（授業では）周囲の人と話し合ったり、グループワークで行うことを推奨する課題です。

ヒント 「ヒント」では課題に取り組む際に、課題の背景や解決の手がかりなどを示しています。

For teachers
授業をする際のポイント 授業ではワークシートをダウンロードしてご使用ください。時間に余裕がある場合には、まず個人で考えてアイディアを用意してからグループで話し合うように指示するとより効果的です。また、グループは常に同じメンバーではなく、シャッフルしてできるだけ多様な組み合わせになるように工夫することをお勧めします。さまざまな人に自分の考えを伝えたり、異なる意見を聞いて対話を行うということそのものが、多言語多文化社会を生きる上でのトレーニングになります。また、時間的に授業の中で扱えない課題は、予習課題としたり、宿題にするとよいでしょう。

「もっと知りたい人へ」について

各章末に「もっと知りたい人へ」を設け、本書の内容を専門的に深めていく際に推奨する文献を挙げています。比較的入手しやすく、理解しやすいものを中心に挙げています。ぜひ図書館や書店で探してみて、手にとっていただければと思います。

「コラム」について

各章末に「コラム」も用意しています。各章の本文の内容と必ずしもリンクしているわけではありませんが、ゆるやかな関係性を持たせています。コラムでは、SLA（研究）に関わることについて、各執筆者の経験や知見をもとに、わかりやすく書かれています。

For teachers
☞ **授業をする際のポイント** 各課題を行う際に、個人もしくはグループの作業速度の差が生じて時間をもてあましてしまったときなど、「コラムを読んでおいてください」と使うのもよいでしょう。さらには、コラムを「課題」として、読んだ感想を話し合わせたり発表させたりという活動も可能です。

個人で学ぶ場合／授業で学ぶ場合

本書は基本的に大学の授業で使うことを想定して編集されていますが、独学として個人で学ぶことも可能です。

▶個人で学ぶ場合

個人で学ぶ場合には、ただ単に「読む」のではなく、疑問に思った点や興味を持った点を先生や先輩に聞くなど、能動的な読みを意識してほしいと思います。複数のメンバーで勉強会などをして学ぶ場合は、あらかじめ読む章を決め、自由に討論などするとさらに効果的でしょう。

▶授業で学ぶ場合

大学や養成講座などの授業で学ぶ場合は、より多様な経験や意見を聞くことができるのが利点です。それぞれのSLAの経験（成功体験、挫折経験、学習方法など）や、SLAに対する思い（動機、向上心、苦手意識など）を共有しながら、そこに絡まるSLA研究の理論やメカニズムを理解していくといいでしょう。

For teachers
☞ **授業をする際のポイント** 授業では、教師の方ご自身のSLAやL2教育の経験談を含めて解説してもらえると、学生がより興味を持ち、理解が深まる授業になると思います。また、オンライン授業の場合にも、オンライン会議システムのチャット機能を用いたり、ブレイクアウト機能を使ってグループワークを行ったりするなど、一方向での講義だけではなく、協学の機会を大切にしてほしいと思います。教科書は予習として読んできて、授業の中では課題をメインに行う反転授業も効果的です。

第1章 第二言語習得(SLA)研究とは

> ## この章のポイント！
>
> 第二言語習得(SLA)研究とは、「最初に習得した言語とは別の言語を習得する」というのはどういうことか、またどのように学ばれているのかを探究する研究分野です。皆さんも何か外国語を学んだ経験があると思います。この章では、そのような皆さんの経験も振り返りながら、「言語を習得する」とはどういうことか、どのような要因が関わっているのかなどを考え、第二言語習得研究がどのような分野の研究で、何に役に立つのかを知るきっかけにしてほしいと思います。
>
> ☑ **キーワード**
> 第二言語習得(SLA)研究、第二言語(L2)、第一言語(L1)、L2 使用者、目標言語、母語、母国語、JFL、JSL、教室環境、自然環境

1. 第二言語(L2)とは

　まず始めに、**第二言語習得**(Second Language Acquisition：SLA)の第二言語(second language：L2)(以下 L2)とは何なのか、考えてみましょう。L2 とは、「生まれて最初に習得した言語＝**第一言語**(first language：L1)(以下 L1)とは別の言語」ということです。例えば、日本語が L1 の人が英語を習得する場合の L2 は英語です。英語が L1 の人が日本語を習得する場合は日本語が L2 となります。では、両親が日本と中国の人で、日本語と中国語の両言語が L1 の人(いわゆるバランス・バイリンガル(→第 8 章参照))が英語を習得する場合はどうなのでしょうか。また日本語が L1 で、英語を次に習得し、さらに韓国語を習得する場合はどうなのでしょうか。このように、人は環境的な必要に迫られて、あるいは自らの自発的な関心から、いくつもの言語に触れ、それを身につけます。ですから、習得しようとしている言語が第 3 番目の言語(L3)、第 4 番目の言語(L4)、もしくはそれ以上という場合も珍しくありません。第二言語習得(SLA)研究(以下 SLA 研究)の世界では、このような「生まれて最初に習得した言語とは別の言語」を L2 と総称して扱います。つまり、SLA 研究は、L3、

L4、L5…習得のケースも想定されています。ちなみに、一言語のみを話す人をモノリンガル、複数の言語を理解したり話したりできる多言語話者をマルチリンガルといいますが、マルチリンガルは、すべての言語が読み書きレベルも含め、同じレベルではないことがほとんどです。多くの人が教育機関だけでなく、趣味や仕事、生活環境に応じて言語を身につけ、オンラインでの自学や発信も容易になった現在、純粋なモノリンガルを探す方が難しいかもしれません。

課題 1

　あなたやクラスメートのL1、L2は何ですか。また、方言や手話がL1の人が日本語を習得する場合も「L2の習得」といえるでしょうか。考えてみましょう。

課題 2

　あなたはどのように外国語（L2）を学んできましたか。どうしてそのL2を学ぶことにしましたか。また、どのような学習方法や心構えが習得に効果的だと思いますか。どんな点で苦労しましたか。L2習得の経験や考えの基となった体験を、周りの人やグループで話し合ってみましょう。

2. SLA 研究とは

　SLA研究とは、L2がどのように習得されるのか、その現象やメカニズムを、実証的データに基づいて科学的に追究する研究分野です。L2の習得過程を知るための記述的な研究と、その現象やメカニズムを説明するための理論的な研究の両方が重要とされています。

　医者が患者の病気のことや患者の生活習慣などを知らずに適切な処置や処方ができないのと同様に、言語教育者は**L2使用者**（second language user；L2を使用する人）のことばの実態や、どのような過程を経て習得していくのか、習得には何が影響するのか、どのような動機を持っているのか、これまでのどのように学習してきたのか、などを理解していなければ適切な教育を行うことは難しいでしょう。SLA研究はL2使用者のことばや習得のメカニズムやL2使用

者のことを知るための非常に重要な研究分野だといえます。

　SLA 研究にはさまざまなアプローチがあり、言語教育への応用については考えないという立場もありますが、本書では、SLA 研究は L2 習得のメカニズムを明らかにすることと同時に、その知見を言語教育や教育現場に活かし（→第10章、第11章参照）、ひいては社会につなげていくこと（→第7章、第9章参照）も大切だと考えています。

　言語の習得はさまざまな要因が絡まって進んでいく複雑なプロセスなので、SLA 研究は非常に多様で、学際的な学問領域であることも特徴です。課題2で、お互いの L2 習得経験を聞き合いましたが、どのようなエピソードが出てきたでしょうか。筆者のクラスでは、以下のようなエピソードが出てきました。

①「K-POP や韓国ドラマが好きで、韓国語を勉強し始めた」
②「小さい頃に英語を習わされて嫌になり、日本のアニメがきっかけで大学から日本語を勉強し始めた。今は英語より日本語の方が得意」（留学生）
③「韓国語は聞けるし話せるけど全然書けない」
④「私は文法や語彙をしっかり学ぶと伸びると思うけど、友だちは現地に行ってホームステイとかする方が早く上手くなると思っている」
⑤「中国の大学で日本語を勉強していたときは話せなかったけど、日本に来て、アルバイトをして上手く話せるようになった」（留学生）
⑥「中学校からずっと英語を勉強しているのに全く話せない」
⑦「三単現の -s はテストではできるけど、会話のときにはよく間違う」
⑧「日本から中国に帰国したら母語である中国語がおかしいといわれる」

（留学生）

　ここには SLA 研究のテーマが詰まっています。例えば①の場合、L2 は「いつ」から学ぶと良いのかという習得と年齢の問題が関わっています（→第8章参照）。また①②には学習動機や**目標言語**（Target Language：TL）の文化、目標言語に対する感情という重要なテーマが関係しています（→第5章参照）。③は、技能によって習得のスピードが異なるのかというテーマが含まれています（→第12章参照）。④⑤⑥はどのような学習スタイルや学習環境、社会との関わりが

習得に有効なのか、個人差はあるのか、というテーマが関わっています（→第5章、第6章参照）。⑦は同じ人でも状況によって使えるときと使えないときがあるという言語処理の問題が関連しています（→第2章、第3章、第4章参照）。⑧はL2がL1に影響することもあるのかというテーマと関わっています（→第2章参照）。

　つまり、SLA研究は心理学や言語学、文化人類学など、さまざまな分野が絡まっている学際的な分野だといえます。そのため、研究手法も、実験や調査の結果を統計学的手法を用いて**量的**に分析する場合や、L2使用者へのインタビューや授業の観察を記述して**質的**に分析する場合、量的と質的両方の手法を取り入れる混合法などさまざまです（→第13章、第14章参照）。このことからSLA研究は独自の手法がないなどと批判されることもありますが、ことばを習得するという複雑な行為や過程のメカニズムを追究するためには複数の理論と手法を通して多角的に考える必要があり、そのカオス的な部分こそがSLA研究の魅力だと筆者たちは考えています。また、SLA研究は1960年代に始まり、まだやっと60年そこそこなので、学問としての歴史はそう長くありません。今も日進月歩で、新しい流れについていくのは容易ではありませんが、まだまだ解明されていないことも多く、誰もが新進気鋭の研究者になれる可能性があります。このようにフレッシュな分野であることも特徴であり魅力だと考えています。

　SLA研究の概説書は、英語を目標言語としたものが多いのですが、本書では、日本語教育の専門家たちが、日本語を目標言語とした例を中心に、L2日本語使用者を取り巻く環境をふまえながら解説します。

3. SLA研究の基本的な概念

　SLA研究では、習得のメカニズムを理解したり説明したりするために多くの用語や概念が出てきますが、これからSLA研究について理解を深めるために、ここではSLA研究でよく使われるごく基本的な概念について説明しておきたいと思います。またSLA研究は欧米で特に盛んになされているので、英語の文献を読んだときに専門用語がわかるように、本書では基本的な専門用語については、日本語と同時に英語や略語も併記します。

　「母語」と「母国語」について、考えてみましょう。この二つの用語にはどのような問題があるでしょうか。周りの人やグループで例を挙げながら話してみましょう。

【母語・母国語】

　母語（mother language, mother tongue）とは、生後数年間のうちに生活環境の中で、自然に身につけた L1 のことを指しますが、先述したように母語が必ずしも一つではない場合や、何語かは明確にわからない場合もあり、紛らわしい用語でもあります。また、**母国語**（official language of home country）とは、一般的に国籍を持つ国で公用語とされている言語のことを指しますが、難民など国籍を持たない L2 使用者や、スイスなど、国内で共通の言語が定められておらず、国民が多言語（ドイツ語、フランス語、イタリア語、ロマンシュ語）のどれかを L1 とする場合も珍しくありません。日本では、日本人は日本語を話すのは当たりまえ、つまり、「母語＝母国語」であることは当然だと思う人が多いかもしれません。しかし、L1 と国籍を持つ国の公用語が一致しないことはよくあることです。多様な人々が暮らす日本においても、L1 は日本語で、国籍は異なるという場合は多くあります。言語教師は「L1 ＝母国語」という意識から脱することが重要でしょう。SLA 研究では L1 の影響について知りたい場合、L1 によってグループを分けて調査しますが、その L1 が一言語か複数言語かについても事前に把握しておくことが重要です。上で述べたように「母語」も「母国語」も問題を含む用語です。便宜上、日本語文献では「母語」「母語話者」という表現が使われることも多いですが、本書では「母語話者」ではなく「L1 使用者」を採用することとします。

【JFL・JSL】

　言語をどこで習得するかによって、習得状況が変わってくることが知られています。L2 習得では、読んだり、聞いたりする**インプット**（input；入力）と、話したり、書いたりする**アウトプット**（output：出力）の機会が非常に重要です。習得する環境により習得状況が変わってくるのは、インプットやアウトプット

の多少や質の違いが大きいからです。

　例えば、海外で日本語を学ぶ場合は、日本語が使われていない環境で、「外国語として」日本語を習得することになります。逆に、留学や移住などをして日本語が話されている環境で習得することもあります。このような環境を区別するときは、前者を JFL（Japanese as a Foreign Language；外国語としての日本語）、後者を JSL（Japanese as a Second Language；第二言語としての日本語）と呼びます（→第6章参照）。

　あなたが L2 を学んだ環境、教えている環境はどのような環境ですか。SLA 研究では、どのような L2 使用者を研究の対象とするのかは大きなポイントとなり、研究の目的に応じて、JFL か JSL のどちらを対象とするかを考えます。ただし、インターネットや SNS が発達し、JFL であっても様々なインプットが得られるようになっているので、JFL と JSL を一概に区別することについては注意が必要です。

【教室環境・自然環境】

　同じ JSL の中でも日本語学校などの教育機関で日本語を習得する**教室環境**（instructed contexts）と、日常生活の中で自然に習得していく**自然環境**（naturalistic contexts）に分けられます。例えば、大学院で学ぶ留学生が家族と一緒に来日した場合、家族の中でも学習環境が異なる可能性があります。留学生は日本語学校や大学のような教室環境で日本語クラスを受講し、妻や子どもは仕事や保育園など日本社会の中での生活を通し、自然に日本語を身につけるような場合です。このような場合、同じ家族であっても身につく日本語の質が変わってくることがあります。教室環境で指導を受けながら言語を習得することを教室習得と言い、自然環境で言語を習得することを**自然習得**といいます（→第6章参照）。

　ただ、自然習得であっても地域のボランティア教室（ボランティアで日本語を教えてくれる教室）に通うこともありますし、たとえ JFL であっても SNS でつながった L1 日本語使用者と親しくなって交流するなど、オンライン上で日本語の自然なインプットやアウトプットの機会を上手く活用するようなケースも増えてきています。そのため、最近は、学習環境による違いがわかりにくくなってきているようです。このことから SLA 研究では、目標言語にどれくらいの頻

度で、どんなところで、どのように接しているかなどを、個別インタビューやアンケートなどを使って把握することが重要だとされています（→第14章参照）。

　また、「学習者」というと、教室環境で学習する人々、習熟度が足りない人々と想定しがちであるため、近年、レベルに関係なく独立した言語話者としてとらえる「L2使用者（L2 user）」（Cook 2002）という表現がよりふさわしいというビビアン・クック（Vivian Cook）の主張が多くの研究者に支持されています。本書でも基本的に「L2使用者」を用いますが、SLA研究でこれまで定着してきた「学習者」という表現を日本語教育で使われることも多く、便宜上、本書でも特に教室環境の文脈において「学習者」を用いることもあります。

　次章以降で、SLA研究において重要な概念や専門用語がたくさん出てきます。言語教育、言語学習に興味がある方や言語教師が理解しておくといい事項ばかりですので、ぜひ具体的な事例と関連させながらよく理解し、本書の中で繰り返し出会いながら身につけていってください。

 課題4

　以下の二つの会話は「京都が好きな理由」という同じトピックで、ドイツ語をL1とする交換留学生（ミレー）に対して、来日直後と、10ヶ月後にインタビューをしたものです。どのような環境で習得したのか推測しながら、発話の変化について、話し合ってください。

■京都が好きな理由：来日直後
（JJ：L1日本語使用者（インタビュアー）、ミレー：L1ドイツ語使用者）
JJ: 京都のどんなところが好きなんですか。
ミレー：うーん、どんなところ、すてきな神社とお寺。たくさんあります。そして、あの、ほかの都会に比べて、京都はそんなに多くない、東京と大阪とこういう町と比べて、京都でいつも、あん、遠くにいると知っています。東京にいつも道は間違った、あと、食べ物。
JJ: お寺と神社が好きなんですか。
ミレー：はい、大好きです。
JJ: 京都でいろいろなお寺に行ったとは思いますけどね、お寺とか神社、今まで一番印象に残っているところはどこですか。
ミレー：一番印象は、なんか、たとえば東本願寺だ、すごい大きいと、すごくいいところだ、大好きなところ、すごく静かと平和な感じがしてる。

■京都が好きな理由：10ヶ月後
JJ: 京都はどんなところがいいですか。
ミレー：やあー、もちろんお寺とか神社はいっぱいありますね、すごく、ま、文化的におもしろいですけど、私ーは、いちばん好きのは京都はー、そんなに大きくないよね、東京とか比べたら、京都はけっこう何かちっちゃくて、なんか、道はーわかりやすい、ので好きです（ああそうですか）はい、でかいところあまり好きじゃない、東京でいつも道に迷ってしまたので、すごく落ち着けない、ですけど、京都はちょうどいいんで、すごく住みやすい、と思います。

ヒント
内容のわかりやすさ、文末表現、「うーん」「あの」などの言いよどみに使う表現であるフィラー、語彙、文の長さ、接続の仕方などに着目して、来日直後と10ヶ月後の会話を見比べてみましょう。またこの10ヶ月の間、どのような環境で過ごしたのかについても想像してみましょう。

　これらの発話は、筆者が日本語教師として教え始めたころの教育機関で、当時一緒に働いていた先生たちと協力して収集したものです。教育や研究に活かすために、このように、あるL2使用者の発話を時系列で集めることがあります。時系列で言語変化を見ることによって、L2使用者の成長を具体的に知ることができます。学習者の成長を知ることは教師の喜びです。このような特定のL2使用者のデータを時間の経過に沿って収集したデータを**縦断的データ**と呼びます。また、このインタビューは、L2使用者の口頭能力の熟達度を測るためのテストであるOPI（Oral Proficiency Interview）という方法（鎌田他2020）で行った1回約30分間のインタビューの一部です。OPIの判定の結果、この留学生は、来日当時中級レベルでしたが、10ヶ月後には上級レベルになっていることがわかりました。

　自分自身で収集するだけではなく、L2使用者のことばを集めたコーパス（テキストや発話を大規模に集めてデータベース化した言語資料）が近年多く公開されているので、それを利用することも可能です。日本語を目標言語としたSLA研究でよく用いられるコーパスには、主に**KYコーパス**、**YNUコーパス**（日

本語教育のためのタスク別書き言葉コーパス）、I-JAS（多言語母語の学習語学習者横断コーパス）の三つがあります（→詳しくは巻末付録１を参照）。他にも様々なコーパスがあるので、教育目的、研究目的、自身の興味によって使い勝手のよいものを選び、利用すると良いでしょう（→コラム 01 参照）。

4. 本書の立場

　本書はいわゆる一般的な SLA 研究の概論を簡単に説明するということではなく、最近の SLA 研究の知見をふまえ、日本語の習得のケースや日本語教育の文脈を取り入れ、わかりやすく伝えることを心がけています。

　第 2 章で、SLA 研究の歴史については詳しく触れますが、1960 年代に始まった SLA 研究は、いろいろな立場からの研究によって発展してきました。60 年代から 70 年代にかけては普遍的な習得過程があるのか、それとも後天的なことに左右されるのか、L1 の違いなどの個別的なことによって左右されるのかどうかが大きな議論の焦点でした。70 年代からは主に L2 使用者の頭の中の認知プロセスに焦点をあてた研究が盛んに行われ、特に L1 が異なる英語学習者グループのテストの点を比較するなどの量的研究が盛んになされました。しかし、90 年代半ばには、言語習得を L2 使用者の内的な認知の問題とする立場のかたよりへの反省から、L2 の発達は社会的・文化的な要因と密接に関わり合いながら行われるという考えに基づいた研究が見直されるようになりました（ソーシャル・ターン：social turn）（→第 15 章参照）。例えば、言語の習得は社会化過程の一部であるとする言語社会化（language socialization）を SLA 研究において観察し、L2 使用者と周囲の人たちとのやりとりから考察するような質的研究も多くなされるようになってきました。

　また、これまで SLA 研究では文法、発音、語彙、聴解というような言語分野ごとの習得研究が多くなされてきましたが、近年はヒトの情意などの心理面や、人間関係などの社会的影響を含む、包括的な観点から考えるようになってきました。現在 SLA 研究は、ヒトの認知、心理、文化、社会の全てが交わって起きる現象であり、L2 使用者の意思や能動的な関わりが習得に大きな影響を与えると認識されてきています（エコロジカル・アプローチ：ecological approach）（→第15章参照）。つまり SLA 研究に対するとらえ方や価値観、立場が違うことで対立するのではなく、多様性を認めようということです。

　本書も、多様な社会で暮らす私たちと同じように、互いの立場を尊重し、対話をしながら SLA 研究を深め、発展させたいという立場に立っています。そのためには、SLA 研究の複雑で多様な過程を、さまざまな観点から多角的に明らかにすることが必要であり、複数の理論や手法を通して SLA 研究は発展していくと考えます。また、L2 使用者が持っている全ての言語的、文化的資源を活用することの重要性（**複言語主義：Plurilingualism, 複リテラシー能力：Multilingual Literacies**）（→第8章参照）や、どのような話者になりたいと思っているかという L2 使用者の意思や行動が習得に与える影響（→第14章、第15章参照）、目標言語の L1 使用者を絶対的基準とする「ネイティブ信仰」の危険性（→第7章参照）などにも触れていきたいと思っています。本書を通して皆さんと一緒にできるだけ多くの L2 使用者のことばや成長の事例を見ていきながら、SLA 研究に対する「目からうろこ」体験をしていきましょう。

もっと知りたい人へ

○ 『第二言語習得について日本語教師が知っておくべきこと』小柳かおる（2020／くろしお出版）

○ 『改訂版　日本語教育に生かす第二言語習得研究』迫田久美子（2020／アルク）

○ 『日本語を教えるための第二言語習得論入門』白井恭弘（監修）大関浩美（2010／くろしお出版）

○ 『コーパスで学ぶ日本語学　日本語教育への応用』森篤嗣（編）（2018／朝倉書店）

○ *The Social Turn in Second Language Acquisition*. Block, D.（2003／Georgetown University Press.）

ことばのコーパスは宝の山なれど

　最近は L1 使用者だけでなく、L2 使用者のことばを集めたコーパスも充実し、自分で会話データを集めるしかなかった我が学生時代を思うと、とてもいい時代になりました。言語能力レベルの統制がなされているものや、テーマや話題、タスクが定められているものもあります。また、ほとんどが無料で入手できますし、検索ツールが搭載されているものもあり、至れり尽くせりです。

　特に、語彙や文型など、ある形式に着目して、どのぐらい使用されているのかを調べるにはコーパスはかなり便利です。例えば「なんか」を L2 使用者がどのぐらい使うのかを知りたい場合、検索をかけると一瞬でカウントしてくれます。何時間もかけて、マーカーをひいて、一つひとつカウントしていたことを考えると隔世の思いです。

　しかし例えば、ある機能や意味を L2 使用者が目標言語でどのような言語形式を使用しているのかを知りたい場合には、検索は向いていません。先に形式を決めた検索だけだと L2 使用者独自の形式をとりこぼしてしまいます。また、検索なり、目で見るなりして、L2 使用者のことばのある現象について記述はできても、その要因について知るには限界があります。例えば、具体的にどのようなインプットを受けているのか、何を目指して学んでいるのかなど、現在のコーパスではわかり得ないことも多いです。発話の意図などを直接尋ねたりすることもできません。

　ですので、コーパスを利用する際には、検索できるものとできないもの、コーパスで見られるもの、見られないものを認識して使用することが大切です。そして、コーパスだけではわからないことについては、自分自身で、さらに調査や実験、インタビューや観察を行うなど、複数の方法で多角的に見ていこうとする姿勢が求められます。

　SLA 研究や L2 使用者のことばについて明らかにしたいことがあり、そのためにコーパスが有用であるならコーパスを活用するべきであり、「コーパスありき」ではないということを覚えておく必要があります。

第**2**章　二つの言語習得観と言語転移のとらえ方

この章のポイント！

この章では、言語習得についての考えを深めるために、まずはL1習得と
L2習得の違いについて考えた上で、人のことばの習得に対する異なる二
つの言語習得観（生得主義と創発主義）を押さえます。そして、SLA研究
の潮流とともに変化してきた言語転移（L1のL2への影響）に関する考え方
の変遷を見ていきます。批判的検討を重ねながら大きく変化を遂げてきた
言語習得観の変遷とSLA研究の歴史を知り、教育や研究に必要な複眼的
な視点を養っていきましょう。

☑ キーワード
生得主義、創発主義、言語獲得装置、普遍文法、刺激の貧困、
言語獲得の論理的問題（プラトンの問題）、用法基盤モデル、他者の意図
読み、パターン発見、L1の影響、言語転移、マルチコンピテンス

1. L1習得とL2習得

　人間（ヒト）は生涯、さまざまな言語に出会い、それを身につけていきます。
言語習得（language acquisition）とは、ことばを身につけるということです。第
1章でも述べたように、生まれ育つ環境において自然に身につける言語がL1
（第一言語）、L1を身につけた後に習得する言語がL2（第二言語）とSLA研究で
は呼ばれます。このうち、L1は**母語**（mother language, mother tongue）と呼ば
れることもあります。

　習得される言語がL1の場合は、習得ではなく、**獲得**という用語が用いられ、
L1習得という代わりに母語獲得という用語が用いられる場合もありますが、
習得も獲得も"acquisition"の訳です。

　L1については、生育環境で自然に身につける言語という定義のほかにも「優
勢な言語」、「最初の言語」とする定義もあり、研究者や研究分野によって定義
がゆれることもあります（鈴木・白畑 2012）。SLA研究におけるL1とL2の大
きな違いの一つは、その言語より先に習得している言語があるかないかという

ことです。ただし、複数言語の中で育つバイリンガルの子どもの言語環境では、例えば養育者の用いる言語がそれぞれ異なり、複数言語が同時進行で身につく言語環境に置かれる子どももいます。このような場合、どの言語が最初なのか、後なのか決められず、L1、L2 という用語ではとらえきれません（→第8章参照）。

さて、L1 と L2 には習得する順番のほかに、どんな違いがあるのでしょう。まず、次の課題を通して考えてみましょう。

課題1

次の説明は、L1 と L2 のどちらに当てはまりますか。考えてみましょう。
① その言語を身につけようと意識的に学ぶ。　　　　　　　　（L1・L2）
② 大人になってから学ぶことができる。　　　　　　　　　　（L1・L2）
③ 文法書などを読まなくても、自然にルールが身についている。
　　　　　　　　　　　　　　　　　　　　　　　　　　　　（L1・L2）
④ ことばが間違っている場合、訂正やフィードバックを受ける。
　　　　　　　　　　　　　　　　　　　　　　　　　　　　（L1・L2）
⑤ 成人であれば、一定の文法能力がある。　　　　　　　　　（L1・L2）

ヒント　　L1 と L2 のどちらにも当てはまる場合は、両方に〇をつけ、L1 と L2 で、その性質が全く同じなのかどうかを考えてください。

L1 と L2 の違いをまとめると、その言語が無意識のうちに自然に習得されるものであるかどうか、自由にその言語を使用できるレベルの言語能力を習得できるかどうか、という点が挙げられます。

自然に習得されるということについては、課題1①のように、L1 の場合は、初期の習得は本人にとって無意識の状態で始まることが特徴であるといえるでしょう。一方、L2 習得は、無意識に始められる場合もありますが、意識的に始める場合も多くあります。②のように、L1 習得が進む時期は、その個人の身体的・認知的発達とも一致します。一方、L2 習得は開始時期もさまざまで、身体的・認知的発達がほぼ完了した段階で初めて、L2 習得をする人もいます。

また、養育者からの文法説明や訂正の有無においても、両者は大きく異なり

ます。L1 の場合、③のように、文法や音声などの言語規則（ルール）について、養育者からことばで明確に指導されることはほとんど必要ありません。例えば、日本語を L1 とする子どもは、「日本語の主語は省略が可能なんだよ。」とか、「助詞の『で』と『に』はどちらも場所を表すけど、使い分けがあるんだよ。」とか、「日本語の音節は開音節（一音節が子音＋母音で成り立っている）なんだよ。」というような説明を養育者から受けることはありません。一方、バイリンガルの子どもの言語環境には当てはまりませんが、L2 では文字体系や文法のしくみ、発音の仕方などの言語項目について教科書などでことばを使って説明されます。また、④のように、L1 では「それは正しくない言い方だよ。」と指摘するような否定的フィードバックが少しはあるものの、意味さえわかれば、子どもが正しく言えるのを待たずに、養育者は子どもの要求に反応します。例えば、「おやつの時間に「にゅうにゅう、ちょうだい」と言われて「牛乳」と言えるまで訂正を繰り返すことはないでしょう。一方、L2 の場合は、その言語形式が正しいか正しくないかがフィードバックとして与えられる機会が比較的多いことも特徴です。

　また、⑤のように、L1 の基礎的な文法能力については、成人した L1 使用者の間では大きな個人差はありません。例えば、L1 日本語使用者に関して、「あの人はよく助詞の『で』と『に』を間違える。」とか、「あの人は否定形が苦手だ。」という話を聞くことがありません。一方、L2 の文法能力には個人差が大きいものです。L1 使用者の文法能力を到達基準にしたときに、そこまで達しない人が L2 習得では存在します。

　ここまでの説明で述べたように、個人差が少ないとされる L1 習得ですが、すべての言語要素の習得において個人差がないわけではありません。L1 使用者間でも個人差が大きく、意識的に学ぶ必要がある言語要素もあります。それを次の課題を通して考えてみましょう。

　テレビ番組で、「あなたの日本語力、大丈夫?」というようなキャッチフレーズでクイズが出題される場合があります。しかし、そこで問われる言語要素には、かたよりがあるようです。①②について考えてみましょう。

①次の(1)〜(5)について、日本語をL1とする成人が視聴するテレビ番組で、クイズの問題として適当かどうかを考えてください。その結果を、周りの人やグループで話し合ってみましょう。
　(1) 植物の「バラ」を漢字で書いてください
　(2)「う」という字はどのように発音するでしょうか
　(3)「エモい」という流行語はどんな意味ですか
　(4)「情けは人のためならず」ということわざはどんな意味ですか
　(5)「私はパンを食べります。」という文は正しいでしょうか

②(1)〜(5)は、どんな言語要素に関するクイズか、下のア〜エの中から答えてください。

ア 語彙　　イ 文法　　ウ 文字　　エ 音声

　多くの人が視聴するテレビ番組で答えを問うクイズにできるということは、正しく答えられるかどうかに個人差があるということです。成人のL1使用者でも個人の言語能力に差が見られるのは、語彙や文字などです。多くの言語で辞書が編纂されていることから、どの言語でもすべての語彙を知っている人がいないことがわかりますが、日本語の場合は語彙に加えて漢字でも、大人も知らないものがあります。また、文法の中でも敬語表現や、円滑な人間関係を続けるためにその場に適切な表現を用いる能力などには個人差があります。これらは日々新しく学んで身につけていくもので、生涯かけても完成しません。一生かかるといわれると気が遠くなる話ですが、裏を返せば、語彙や文字、言語表現は、本人の努力で意識的にコツコツ習得を進められるものでもあるといえるでしょう。また、この議論は、言語能力がL2使用者だけではなく、L1使用者でも一様ではないということを明るみにします。つまり、L2使用者の言語能力が高いか低いかを評価するときに判断の基準となるはずのL1使用者の言

語能力が実際は一様ではないことがわかり、それでは一体どの使用者のものを基準にすればよいのかという問題にもつながります。

2. 生得主義と創発主義

　L1習得とL2習得はいろいろな面で異なるということを見てきましたが、そもそもなぜヒトだけが「ことば」を話すのでしょうか（→第15章参照）。ヒトと動物のことばの比較研究をしている動物行動学者の岡ノ谷一夫は、ヒトのことばの4条件として「発声学習（声真似）ができる」「音と意味が対応している」「文法がある」「社会関係の中で使い分けられる」という特徴があるとしています。オウムはヒトの声真似ができますし、サルの鳴き声の音は、例えば危険を知らせるなどの意味と対応しており、ジュウシマツの歌には文法があり、ハダカデバネズミは鳴き声で上下関係や集団の中の役割を確認するなど、その一部を持つ動物はいるようですが、この4条件すべてをみたす動物はヒト以外にいません（岡ノ谷2010）。また、過去や未来の出来事について噂話をしたり、すでにあるものを組み合わせて新しい意味のあることばを作り出したりも、ヒト以外はしません。なお、ヒトが考えて、人工的に作り出したものではないことばを自然言語と呼びますが、これには手話も含まれます（→コラム02参照）。手話の場合、ヒトのことばの条件のうち、「発声学習（声真似）ができる」「音と意味が対応している」という条件の「声」、「音」について疑問に思う人もいるでしょう。手話では「声」、「音」という、ヒトの耳の鼓膜に到達した空気の振動という物理的な音声に代わるものとして、「手の形」、「位置」、「動き」で音素や意味が表されます。

　このようなヒト特有のことばは、どのように習得されるのでしょうか。人間のことばの習得を説明しようという理論は多くありますが、大きくは、ノーム・チョムスキー（Noam Chomsky）に代表されるヒトは生まれながらに自然にことばを習得するという生得主義（nativism）の考えと、マイケル・トマセロ（Michael Tomasello）に代表される、生まれた後の環境により影響を受けて習得するという創発主義（emergentism）の考えによる二つの言語習得観があります。ではこの二つの言語習得観とそこから生まれたそれぞれの仮説を見ていきましょう。

3. 生得主義と普遍文法

　生得主義では、魚が泳ぎ、鳥が飛ぶのと同じように、ヒトは生物学的(遺伝的)に言語を獲得すると考えます。これを、言語の**生得性**(innateness)と呼びます。

　全てのヒトが共通して持つ先天的な言語能力の機構(システム)として想定されるのが**言語獲得装置**(Language Acquisition Device：LAD)です。この装置に言語に関する情報(刺激)が入力されることで、日本語、英語、中国語、インドネシア語など、それぞれの個別の言語の文法が出力される(獲得される)と考えられます。生得主義では、言語に関する情報(刺激)は言語獲得を発動させる引き金ととらえています。装置とは呼ばれますが、言語知識に関わる心内プログラムのようなものをイメージするとよいでしょう。その装置の中には、**普遍文法**(Universal Grammar：UG)と呼ばれる、どのような自然言語にも共通する初期状態の知識があると考えます。

　生得主義は、チョムスキーの提唱する**生成文法**(generative grammar)が理論的基盤になっています。生成文法のモデルでは、普遍文法は原理とパラメータからなるとされています。原理とは、言語が階層構造をなすこと(階層性)、次々につなげて文を長くし、構造を複雑にできること(反復性)であり、これはすべてのヒトの言語(自然言語)に共通する普遍的な性質です。言語の個別性を説明するのがパラメータという概念です。世界中の言語は語順や修飾関係などでは、それぞれ個性の異なる別の特徴を持ちます。パラメータは、これらの言語的特徴を発現させるスイッチのようなものです。

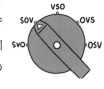

　生成文法が生まれる以前には、心理学の分野では行動主義心理学が全盛で、言語習得もまた、模倣と正しい反応への強化によって行われると説明されていました。しかし、本当に模倣だけで言語習得が成り立つのならば、耳にしたことがない文を、ヒトは使うことができないでしょう。ところが、実際には、ヒトは聞いたことがない文でも、ことばを組み合わせて、その場で自由に作り出すことができます。ことばを話し始めた子どもの用いる言語もまた、すべてが大人の口真似ではなく、実際には、子どもは自分の話したいことを自由に言

語化します。そのため子どもの発話の中には、大人がしないような使い方も見られます。例えば、ある子どもが母親に自分が食べていたお菓子をすすめるときに「*お母さん、これ食べたらは？」と言っていました。しかし、日常生活で「食べたらは」というインプットは聞くことがありません。このような日本語のルールから外れた使用は、子どもが独自に言語的ルールを見いだした結果であり、そのルールが大人のルールとは異なっているということです。子どもは単なる口真似ではなく、創造的な言語使用をしているのです(→第3章参照)。

　ここで、ヒトの言語に共通する普遍的な特徴である階層性について例を見ながらもう少し考えてみましょう。

（1）　おばあさんが　小さい猫を　抱えている。
（2）　小さいおばあさんが　猫を　抱えている。

　この二つの文で、小さいのは猫でしょうか、おばあさんでしょうか。もし、小さいのがおばあさんではなく、猫である場合、（2）のように言うことができるでしょうか。言えないですね。それは、発話の初めから終わりまで、順に伝わってくる文が、実は階層になっていて、その階層を飛び越えた修飾(この文の場合、「小さい」が修飾語)ができないというルールがあるからです。

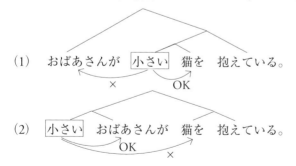

　このように複雑で抽象的な言語の知識を大人が説明するわけではないのに、どのように子どもは身につけるのでしょうか。言語獲得が単なる模倣によるものであるならば、（1）と（2）の文で表すものが違うという区別を子どもがすることはできないでしょう。

さらに不思議なことに、言語獲得のインプットである周囲の大人の会話には、文の途中で発話を止めてしまったり、語順がひっくり返っていたりして、文法的ルールを見いだしにくい不完全な発話も見られます。「ボール、ポーン！」とか、「ねえ、ある？　あれよ、あのお菓子。この前、買ったでしょ。」のような周囲の発話を聞きながら、子どもは言語を着実に獲得していきます。

　このような**刺激の貧困**(poverty of stimulus；文法的に正しいインプットが不足した状態)があるにも関わらず、子どもは限られた言語的な証拠から、抽象的で複雑な言語のルールを見いだし、直接教えられなくても、短期間に言語を獲得します。不十分なインプットや不完全なインプットから、ヒトが言語を獲得できるのはなぜか。この大いなる疑問は、チョムスキーによって提示され、**言語獲得の論理的問題**(**プラトンの問題**)と呼ばれます。生得主義に立てば、その答えは「そもそも言語獲得のための機構を脳内に持っているから」ということになるでしょう。

4. 創発主義と用法基盤モデル

　第2節でヒトは動物にはない「ことば」を話すことを述べましたが、動物にできてヒトができないことがあります。動物は同じ種であれば、例えばアフリカで育ったチンパンジーでも日本で育ったチンパンジーでも効果的にコミュニケーションをはかることができますが、ヒトはL2を学んだり翻訳機などを使ったりしない限り、同じ言語共同体で育った者同士でしか話すことができません。このことからトマセロは、ヒトはほかの動物とは異なり、特定のコミュニケーション行動を生得的に持って生まれてくることはなく、成熟した言語使用者、つまり大人との長い年月にわたる日々のやりとりがL1の完成には必要だと考える**創発主義**(**創発的言語習得観**)を主張しました(トマセロ 2008)。

課題3

　L1で基本的な会話ができるようになるのは何歳頃だと思いますか。どうしてそのように思いましたか。周りの人と話し合ってみましょう。

　子どもは生まれてからずっと膨大なインプットを受け続け、基本的な会話ができるようになるまでに相当年数かかることから、トマセロはチョムスキーが主張する「刺激の貧困」があってもヒトは言語を習得できるという生得的な言語習得観を批判しました。またチョムスキーの言語獲得装置が存在するという理論は恣意的であり、子どもの成長とともに変化する認知能力の発達によりことばも習得されると主張しました。つまり、チョムスキーのような言語の発達だけを考えるのではなく、認知や社会的なスキルを統合した広い意味での成長からことばの発達を考えるという立場です。そして子どもを観察してデータを積み上げ、**用法基盤モデル**（usage-based model）という言語習得理論を提唱しました。このモデルの特徴は、子どもが生まれた後に経験する他者とのやりとりこそがことばの習得にとって最も重要であり、意味のあるコミュニケーションのためにヒトはことばを身につけて使用するという考えにあります。また、特に重要なスキルとして、生後9ヶ月から12ヶ月に始まる**他者の意図読み**（intention-reading）と**パターン発見**（pattern-finding）を挙げています。「他者の意図読み」とは、互いに興味のある対象物や事態に対する注意を共有する能力であり、指さしなど非言語的な身振りを使うことによって、離れたところにある対象物に他者の注意を向ける行為から始まるとされます。例えば、まだことばが話せない子どもでも、外を散歩しているときに犬を目にしたら「アーアー！」などと犬がいることを知らせてくれます。

　また、筆者の子どもが保育園に通っていた頃、こんなことがありました。2月に保育園の梅が咲き、「ウメが咲いたよ。きれいだね。」と話しかけながら見ていました。3月の終わり頃、今度は桜が咲き始めました。桜を見ながら今度は「サクラが咲いたね。」と子どもに話しかけると、「ウメよ！」と怒るのです。同じ頃、バスに乗って窓から流れている川を見たときに「大きな川だね。」と話しかけると「ウミ！ウミ！」と怒るのです。そのときはどうして怒るのだろうと不思議に思いましたが、娘にとっては「木に咲くピンク色の花＝ウメ」「たくさんの水＝ウミ」だったのでしょう。これらの出来事を振り返ると、娘はせっかく形成したパターンと異なることを言われたために、反発したと考えられます。このように類似する事物や繰り返し起きる出来事を知覚していきながら概念カテゴリーを形成する能力が「パターン発見」です。子どものこのよ

うな能力は、大人の別々の発話に現れることばの使い方のパターンを見いだしたり、抽象的な文法を構築したりするために必要であるとされています。

　このように、ヒトは他者と注意を共有し、他者とのやり取りを通して、パターン化した言語表現を使用しますが、このような能力こそが複雑な言語表現や構文を含む、あらゆる用法を習得するためにまず必要なのです。

課題4

　　生得主義と創発主義の言語習得観の違いは、言語そのものに興味のある言語学者のチョムスキーと、ヒトの成長と言語との関連に興味のある心理言語学者のトマセロらしい立場の違いともいえるでしょう。チョムスキーとトマセロの立場に分かれて、「刺激の貧困」や「他者の意図読み」「パターン発見」に関する具体的な例を挙げながらそれぞれの言語習得観を説明し、理論を主張し合ってみましょう。

5. 言語転移の変遷

　先に習得している言語があるかないかというのがL1習得とL2習得との大きな違いの一つですが、このL1の影響についての考えもSLA研究の流れとともに大きく変わってきました。ある言語の慣習がある言語へ影響することを**言語転移**（language transfer）と言いますが言語転移のとらえ方の移り変わりを知ることは、SLA研究の歴史的な流れを掴むことにつながります。

　SLA研究の初期にあたる1950年代終わりから60年代初めでは、L1とL2の相違点はL2の学習の妨げになると考えられていました。つまり、L2でのエラー（誤り）は主としてL1との相違点によって引き起こされると考えられ、L1のL2への影響は**干渉**（interference）と呼ばれました。また、間違いやすい点や習得が難しい点については、L1とL2を比較し、類似点と相違点を明らかにする**対照言語分析**（contrastive analysis）により予測できると考えられ、対照言語分析研究が盛んになされました。このことから、この時期をSLA研究では**対照言語分析期**と呼んでいます。この背景には、当時心理学で隆盛を極めた、「行動は習慣によって引き起こされる」という考えを持つ行動主義が反映されてい

ます。L1 での習慣が、L2 での行動に反映されると考えたのです。

　しかし 60 年代に入り、エラーに対する考えの変化が生まれました。第 3 章でさらに詳しく述べますが、これまで L1 の干渉により生じ、避けるべきものとして考えられていたエラーを言語習得の過程において重要で不可欠なものだと肯定的にとらえて分析する**誤用分析**（error analysis）というアプローチが盛んになりました。すると、L1 の干渉で解釈できないエラーや、対照言語分析の予測と異なる結果があることがわかってきました。また、異なる L1 であっても、L2 習得において、同じエラーが見られたり、特定の文法項目で類似した過程を通ったりすることもわかってきました。第 3 節でも見てきたように、この時期、チョムスキーらの生得主義の立場から行動主義的な言語習得観が批判されたこともあり、対照言語分析の勢いは弱まりました。この時期は**誤用分析期**と呼ばれます。

　こうして L1 の L2 への影響についても、L2 習得の根底において作用している多くの認知メカニズムの一つとして見直されるようになりました。例えば、ピット・コーダー（Stephen Pit Corder）は、L1 の影響を L2 習得の妨げとなるのものではなく、L2 の知識を補うストラテジーとして、借用（borrowing）ととらえました（Corder 1967）。またこれまで L1 から L2 への**転移**（transfer：L1 の慣習の L2 への影響）といった場合、L2 のエラーにつながる影響と見なされていましたが、そのようなマイナスに働く**負の転移**（negative transfer）だけではなく、L2 の習得にプラスに働く**正の転移**（positive transfer）も広く認められるようになりました。さらに、表面上のエラーとして現れるだけではなくその使用を避ける**回避**（avoidance）として現れることもあることも指摘されました（Schachter 1974）（→第 3 章参照）。

　そして、特定の言語の L1 使用者でエラーがほかの L1 使用者と比較して長く留まるなど習得上の順序やスピードに影響すること（**過程的転移**（transfer in developmental process））、転移には無意識的なものと意識的なものがあること、知識レベルや運用レベルなどさまざまな言語処理レベルに影響すること、文法だけではなく語彙、音韻、概念、語用面などさまざまな側面で現れることなど、多様な様相で L1 の影響がとらえられるようになりました。特に、L1 における概念が L2 にも影響を及ぼす現象は**概念の転移**（conceptual transfer）と呼ばれま

す。例えば、何かの出来事を話す際に、日本語では、特定の人物に視点をおいて話を展開しますが、英語では起こった出来事に焦点を置いてストーリーを構築します。そのため、英語をL1とするL2日本語使用者は日本語で出来事を語るときに、主語の交代が多く、受身形や授受表現の使用が少ない傾向にあります。それに加えて、言語間の影響として、L1からL2だけではなく、L2からL3への転移、L2からL1への**逆行転移**（reverse transfer）も指摘されるようになりました（「逆向転移」という訳語も見受けられますが、本書では「逆行転移」を用います）。例えば、L2日本語使用者が、L1で話すときに、あいづちを日本語を話すときのように多用してしまう、フィラー（「ええと」などの言いよどみ）が日本語になるなどの現象もよく聞きます。

課題5

皆さんが外国語（L2）を学んだとき、どのような点でL1の影響を感じましたか。L1の影響がマイナスに働いた場合、プラスに働いた場合、どちらのケースについても話し合ってみましょう。また逆行転移についても経験があれば話してみてください。

　このように、より現代化された概念を、「転移」という用語を使わずに別の用語で呼ぶべきであるとして、通（交差）言語的影響（Cross-Linguistic Influence, Kellerman1984）という用語や、通（交差）言語的一般化（Cross-language Generalization, Zobl 1984）という用語も提案されました。しかしながら、多くの学者が依然として転移という用語を使っている事実をふまえて、Odlin(1989)は、転移が何で「ある」かを知る前に、何で「ない」かを考える必要性を指摘し、単に習慣形成の結果や干渉、また、L1への依存やL1からの影響ではないこと、そしてすべての言語要素（文法、語彙、談話、音声など）に転移が現れることを断った上で、以下の定義を提案しました。

　　転移とは、目標言語と、どれにしろ以前に（そして、ともすると不完全に）習得された他の言語との間の、類似点及び相違点から生じる影響をいう。
　　　　　　　　　　　　　　　　　（Odlin1989:27, 訳はオドリン 1995:32）

今日ではさらに、言語転移には個人差があること（Jarvis & Pavlenko 2008）、言語間の相違による**客観的類似性**（objective similarity）と L2 使用者がとらえる言語間の相違は必ずしも一致せず、**知覚的類似性**（perceived similarity）による L1 の影響もあること（Ringbom 2007）が指摘されるようになりました。つまり、L2 使用者が自分の L1 と L2 のある部分を似ていると認識したり、転移が有効だと判断することも実際に転移が起こるかどうかに関係するということです。

そして、このような多様な転移の様相が、実証的に示されるようになりました。例えば、クック（Cook 2003）は、L2 使用者は L1 使用者よりも L2 能力が低いのではなく、L1 と L2 の両方の知識が共存し、影響し合う**マルチコンピテンス**（multi-competence）を持っているととらえるべきだと主張し、日本語やスペイン語、ギリシャ語のバイリンガルとモノリンガルを対象として調査を行いました。その結果、語順に関してはバイリンガルとモノリンガルには差は見られませんでしたが、単数と複数の使い方については差があることなどを指摘しています。ほかにも逆行転移は、初級よりも上級に見られやすいこと、語彙的、文法的なものだけではなく、断り方や褒め方などの語用論的な側面にも見られることがわかっています（清水 2012）。

L1 に関わらず L2 日本語使用者によく見られる「の」の過剰使用（例：*自分いた<u>の</u>ところ）を取り上げた筆者の研究では、中国語を L1 とする L2 日本語使用者の場合、ほかの L1 と比べて上級になっても長く残りやすいという過程的転移を横断的データ及び縦断的データにより実証的に示しています（奥野 2005）。（*はエラー、この場合は「の」の過剰使用であることを表す。）

> *最初、同じイメージのところもあるし、ちがう<u>の</u>ところもあるし
>
> （奥野 2005:123）

そして、その要因として、「のところ」「のために」などをかたまり（chunk）でとらえるストラテジーによる影響と、中国語で用いられる「的」という名詞修飾を表す語の影響が重なり、L2 日本語使用者が名詞修飾の各要素を分析的にとらえにくくなるという複合的要因を指摘しました。上記の例の中でも、「イメージのところ」という正用も、「ちがうのところ」という「の」の過剰使

用も両方見られ、「のところ」をかたまりでとらえていることがわかります。

　さらに、「の」の使い方を知識としては理解できているため、時間をかけて作成したレジュメでは正しく書けていても、内容の方に意識を働かせながら行う口頭発表の際には、無意識に「の」を過剰使用してしまうことがあることを示しました。つまり上級レベルでの「の」の過剰使用は、即時的な産出が必要な運用レベルにおいて見られるということです。

（口頭発表の例）＊今回のリフレクションは第三者の結果提示から始まる<u>の</u>
　　　　　　　　研究の調査なので

奥野（2005：132）

　このように言語転移には複合的な要因が複雑に絡まっていることが実証的に示されるようになりました。

　しかしながら言語転移が習得過程に「いつ、どのように、どれくらい」影響するのかという様相については、何をもって転移をとらえるのかという基準の曖昧さという方法論的な困難点もあり、未だ明らかにされていないことが多く、L2 習得のメカニズムの解明において、実証研究をふまえた様相の究明が進められています。また、人の移動やオンラインでのやりとりが増加し、世界中が多言語社会であるという認識が広がっている昨今ですが、L1、L2、L3 など複数の言語の知識が共存し、影響し合うという前提に立った、多言語話者を対象とした研究はまだ始まったばかりだといえるでしょう（森山・向山 2016）。言語転移の研究は、今なお SLA 研究の中心的課題であるといえそうです。

6. まとめ

　本章では、L1 習得と L2 習得の違いについて考えた上で、生得主義と創発主義という言語習得に対する異なる二つの言語習得観を見てきました。またそこから生まれた普遍文法と用法基盤モデルについて学びました。SLA 研究においても今のところ一つの理論やモデルで、すべての現象を説明できるものではなく、この二つも対立するのではなく、補完し合うものだと考えられています。

本章ではまた、L1の影響についてのとらえ方の変遷についても見てきました。対照言語分析も誤用分析も現在のSLA研究において重要な手法の一つであることに変わりはありませんが、批判的検討を重ねながら発展してきたSLA研究の変遷を知った上で、その必要性や限界を認識し用いる必要があるでしょう。この後の章でも引き続き批判的な視点をもってSLA研究について考えていきましょう。

もっと知りたい人へ

○『第2言語習得と母語習得から「言語の学び」を考える―より良い英語学習と英語教育へのヒント―』和泉伸一（2016／アルク）

○「日本語の習得過程における言語転移研究の挑戦―方法論に着目して―」『日本語学』34-14, pp.110-123. 奥野由紀子（2015／明治書院）

○『チョムスキーと言語脳科学』酒井邦嘉（2019／集英社インターナショナル）

○『ことばの習得―母語獲得と第二言語習得―』鈴木孝明・白畑知彦（2012／くろしお出版）

○『はじめての言語獲得―普遍文法に基づくアプローチ―』杉崎鉱司（2015／岩波書店）

○『ことばはどこで育つか』藤永保（2001／大修館書店）

○『言語転移』テレンス・オドリン（著）丹下省吾（訳）（1995／リーベル出版）

いろいろなことばの壁を越えて

　「手話」は、手の形、位置、動き、そして頭の振り、表情なども活用する独自の体系を持った言語の一つです。ろう者は、聴力を失った年齢、生まれ育った環境、手話を習得した年齢などその背景はさまざまです。子どもの頃から手話でコミュニケーションのとれる環境（ろう学校や家庭など）にいた人もいれば、中学校や高校、大学、もしくは成人してからろう者の仲間や先生に出会い、手話を身につけた人もいます。そのため、手話の熟達度もさまざまです。

　筆者とろう者との出会いはニュージーランドの大学での日本語クラスでした。ろう者の学生ベッキー（仮名）は、両親もろう者で家庭では手話を使っていますが、外では相手の唇の動きを読み取り、口の形と音声で伝える「口話（英語）」を使用していました。ベッキーは日本語の授業を履修していましたが、L2 英語使用者である筆者の唇の動きを読み取るのは難しく、授業のほかに補講をしていました。そのうち私たちは、ジャーナル交換（交換日記のようなもの）をするようになりました。初めての海外生活でことばに苦労していることを筆者が書いたとき、ベッキーは、「あなたもことばで悩んでいるから、私の気持ちがよくわかる。」と書いてくれました。そのときに、L1 と L2 という言語の壁と、聞こえる世界と聞こえない世界のことばの壁にも共通点があることに気づき、L3 として日本語を学ぼうとしているベッキーに大いに勇気づけられました。

　歌とダンスと手話を融合させた新しい表現方法でパフォーマンスを行っている HANDSIGN というアーティストがいます。かっこいい手話ダンスで表現する彼らのライブ会場では、聞こえる人も聞こえない人も手話で音楽を共有しています。彼らはインタビューで、「手話が一つの言語として、もう少し身近な存在になってもらいたいなと思います」と話していました。

　L1 と L2、聞こえる世界と聞こえない世界、それぞれの壁を越えて共に生きる社会の構成員として支え合うインクルーシブな社会にしていけるといいですね。

第**3**章 「エラー」のとらえ方の変遷

この章のポイント！

日常生活では場面を問わず、何かを間違えることはできれば避けたいと思うことが多いでしょう。しかし、SLA 研究では発想が転換され、エラーはむしろ有用なものだと考えられてきました。この章では、L2 使用者の言語に現れるエラーが SLA 研究史の中で、どのようにとらえられてきたのかを見ます。現在の SLA 研究では、L1 使用者の言語を必ずしも学ぶべき規範とはしないという観点から、エラーを目標言語（TL）で使われる形式とは異なるもの「NTL：non-target-like」と呼ぶようになってきました。この動向に沿って、L2 使用者の言語に現れる NTL を今後どのようにとらえて、言語習得や言語教育が進んでいくのか、その展望を示します。

☑ **キーワード**
目標言語、エラー、誤用、誤り、正用、Ｕ字型曲線、誤用分析、ミステイク、回避、中間言語研究、中間言語、定着化、化石化、マルチコンピテンス、NTL（non-target-like）

1. 間違いは避けるべきものなのか

学んだ外国語を使って、コミュニケーションを行うのは楽しいものです。まず L2 使用者の気持ちになるために、外国語の授業に参加している状況を想像してみましょう。

課題 1

あなたは外国語（L2）のクラスに参加しています。そこで先生に指名されました。あなたは慌てて答えましたが、その答えが間違っていたとわかりました。あなたはどんな気持ちですか。考えてみましょう。

自分の発言が間違っていたとわかったとき、恥ずかしい気持ちになったり、周囲に勉強ができないと思われたかもしれないと不安な気持ちになったり、あるいは、こんなことならば「わからない」と言えばよかったというような後悔

に似た気持ちになったりする人がいるかもしれません。

　それでは、ここで一つ質問です。そもそも間違えるということはそんなに悪いことでしょうか。別の角度から考えてみましょう。

 課題2

　　外国語（L2）の授業で間違えることの良い面、悪い面を考えてください。授業で間違えたあなたの立場から、そして次にクラスメートの立場から、先生の立場から考えて、周りの人やグループで話し合ってみましょう。

　外国語の授業で間違えることの良い面を考えるというのは、新鮮な問いかもしれません。課題を通して、自分の答えが間違っていたとわかることは悪いことばかりではないと確認できたでしょうか。自分の正しいと思っていたことが実は正しくないとわかり、正しくないところを訂正してもらうことで、あなたがそのL2に対して持っていた、「この使い方は正しい」という仮説を改める機会になります。

　さて、ここからしばらく、L2学習及びL2使用で間違えるということをめぐって、SLAの研究史を振り返ります。まず、最初の歴史的なポイントは、オーディオ・リンガル法（→第10章参照）が全盛だった時期です。この頃は、言語習得は新しい習慣の形成であるととらえていました。そのため、正しくない形式を用いてしまうのは練習不足であり、それは間違って習慣づいたものととらえられていました。L2を習得する際の間違い、すなわち、**目標言語**（Target Language：TL）の規則から逸脱した使用は、**エラー**（error）と呼ばれ、エラーは一つずつ徹底的に直すべきだと考えられていました。

　ところがここで、大きなターニング・ポイントが訪れます。それは、1967年にピット・コーダー（Stephen Pit Corder）が発表した"The significance of learner's errors"（学習者のエラーの意義）という論文です。この論文では、学習者がしてしまう間違いは実は悪いものではなく、教師にとっても、そして研究者にとっても、そして何より学習者本人にとっても有用なものだと主張されました。

　エラーは研究分野や研究者によって**誤用**、**誤り**とも呼ばれます。日本語教育に関連する分野では、特に「誤用」という用語を目にすることが多いかもしれ

ません。一般的な意味での「間違えること」、「間違えたもの」と区別するために、ここからの SLA の研究史における議論を振り返る中では、「エラー」という語を用います。エラーが有用なものであるという発想の転換によって SLA 研究では**誤用分析**、ついで**中間言語研究**が行われてきました。それらの議論について順に見ていきましょう。

2. エラーは徐々に減るのか

誰しもさまざまな言語を自由に操る人にはあこがれを抱くでしょう。少しでも流暢に、自然な言語が使えるようになりたいと思い、そのために努力を続けている人も多いはずです。それでは、ある言語のレベルが上がれば、徐々に文法のエラーは減っていくものなのでしょうか。

 課題3

初級、中級、上級の各レベルで文法のエラーが多いのはどのレベルだと思いますか。その理由は何か考えてみましょう。

文法のエラーが多いのは、実は中級レベルだといわれています。L2 使用者は次第に目標言語を正しく使用するようになり、正しい使用は**正用**と呼ばれます。上級レベルになれば L2 使用者のスピーチや作文には正用が増え、エラーも少しずつ目立たなくなります。しかし、外国語の上達は、正用がどんどん増えていくというように坂道を上るように進むわけではなく、むしろ、ぐっとエラーが増える時期があるようなのです。

一つの例として、KY コーパスを使って（→巻末付録１）、中級レベルの L2 日本語使用者の発話でのエラーを見てみましょう（中石 2005：60）。（＊はエラーを表す。）

（1）＊いろんな野菜を小さくて<u>切れて</u>、（KIM03）

（2）＊あの映画はあの、10 時、に、あの、<u>始めますから</u>、（EIM07）

(1)は料理を作る手順の説明で、「いろんな野菜を小さく切って」、(2)は「映画は10時に始まりますから」と言うべきところで、「切れる」、「始める」という別の動詞を使ったエラーです。「切れる」と「切る」、「始まる」と「始める」のように、日本語には自動詞、他動詞のペアがたくさん存在します。日本語の自動詞、他動詞のペアを正しく用いることは上級レベルになっても難しいといわれています。

　上級レベルでも難しいのであれば、初級レベルではもっと多くのエラーが見られるでしょうか。そこで、同じコーパスで、初級レベルのL2日本語使用者15名の発話を確認したところ、日本語の自動詞、他動詞のエラーは一例も見られませんでした。上級レベルになっても難しいといわれる日本語の自動詞、他動詞で、初級レベルでエラーが見られなかったのはなぜでしょうか。

　この疑問を解決するために、L2日本語使用者の発話をもう少し詳しく見てみると、初級レベルでは使われる自動詞、他動詞の種類は限られており、その多くが「～時間かかります」、「おふろに入ります」、「～時に起きます」のような一定の表現であることがわかりました(中石2005:61)。つまり、初級レベルで自動詞、他動詞のペアに関するエラーが見られないのは、それぞれの自動詞、他動詞が決まった形、決まったかたまり、つまり一種の定型表現として用いられる段階であるためだと考えられます。つまり、この段階では、「かかる」に対する「かける」、「入る」に対する「入れる」、「起きる」に対する「起こす」など、自動詞、他動詞のどちらかを選んで使い分ける必要がなく、混乱が生じない段階であると考えられるのです。ところが、先に例を出したように、中級レベル以降ではさまざまな自動詞、他動詞のペアでエラーが見られました。これは、L2日本語使用者が、初級段階の定型表現を脱し、自らの自動詞、他動詞の使用ルールに基づいて発話を行う試行錯誤の時期に達したためであると考えられます。外国語を使用するにあたって、与えられた手本通りにただ繰り返す段階を越えて、自分で生産的に文を作り出す段階に入ったととらえて良いでしょう。

　エリック・ケラーマン(Eric Kellerman 1985)は、オランダ語をL1(第一言語)とするL2英語使用者の自動詞、他動詞の発達を分析し、正しい形式を用いることができるかどうかを分析しました。その結果、目標言語の規範に沿っ

た言語形式を表出する第1段階、目標言語の規範から逸脱する言語形式を表出する第2段階、再び正しい言語形式を表出する第3段階を設定し、第2段階を底とする**U字型曲線**（U-shaped behavior）の発達をすることを示しています。L1オランダ語使用者の自動詞、他動詞の発達においても、日本語の対のある自動詞、他動詞の習得においても、ケラーマンの指摘するU字型曲線の発達が起こっていることがわかります。

このように、中級レベルはエラーが増える時期であることがわかりました。これは、自分で生産的に文を作り出せるようになった成長の証でもあります。このことから、エラーは成長を知るバロメーターといえます。それがわかれば、勇気を出して、L2を使ってみたくなるでしょう。L2使用者のエラーを、L2使用者が自分なりの知識を形作っていっている成長の証拠だととらえ、教師はそれを支援したいものです。

3. 誤用分析―エラーから考えてみよう

SLA研究では、第2節のコーダーの論文（Corder 1976）をきっかけにして、学習者の言語使用のエラーを分析する**誤用分析**（error analysis；誤り分析、エラー分析とも呼ばれる）が盛んになりました。これを機に、外国語教育の分野では、エラーは有用だという発想の転換が起こりました。誤っていることが明らかになれば、教師は、自分の教え方を振り返ったり、学習者の現在地を知るための材料を得たりすることができます。また、研究者は、学習者がどう学ぶのかという研究材料を得ることができます。そして、学習者は、自分の学習している言語に関する自分の現在の仮説を試すことができ、それが間違えていれば正しい規則を知ることができます。学習者は間違える機会をうまく利用することで、自分の持っている言語知識をより正しいものに再構築できるのです。

さて、ここで言語を使用する際に起こる間違いの中には、エラーとは明らかに性質の違うものがあることを区別しなければなりません。それは、**ミステイク**（mistake）と呼ばれるもので、本当は正しい言語形式がどのようなものかわかっているのに、うっかりしていて起こるものです。ミステイクは、「言い間違い」とも訳されるものです。次の例を見てください。

（3）ストーリーはかんとん、かんたんです。（I-JAS より）

　（3）のような使用では、L2 日本語使用者自身で「かんとん」を「かんたん」に言い直しています。このように、不注意から起こるミステイクは、本人が気づけば訂正でき、規則的に起こるエラーとは区別されるものです。ほかの例としては、L2 日本語使用者が「公園に犬があります。」と言ったけれど、すぐに自分で「犬がいます。」と修正できた場合、これもミステイクと考えていいでしょう。

　ミステイクは、L2 使用者だけではなく、L1 使用者にも見られる現象です。例えば、「ねえ、傘で顔が隠れているよ。」と言いたかったのに、「顔で傘が隠れているよ。」とうっかり言ってしまい、周囲に笑われて、慌てて自分のミステイクを訂正したというような経験は、皆さんにもあるかもしれません。「今日は空が青いなあ。」と言うつもりが、「今日は空が雲いなあ。」と言ってしまうというように、品詞を越えてミステイクが起こる場合すらあります。

課題4

　　子どもの頃、あるいは外国語を使用する際に、ことばの使い方を間違えていた経験がありますか。まず、自分で思い出してみましょう。次に、周りの人やグループと情報を交換して、それぞれの事例がエラーか、ミステイクか考えてみましょう。周囲の子どものことばを観察して報告しても良いです。

　子どもの L1 習得でのエラーの例を見てみましょう。それは、さまざまな言語要素で起こります。まず、次の例を見てみましょう。

（4）＊チガが出た。（血が出た）

　（4）のエラーは、「血」という語を一文字の語ではなく、「チガ」という語だと思ってしまい、それに助詞「が」をくっつけたことで起こっています。このようなエラーが起こるには、日本語に関して子どもは、少なくとも二つの前提、すなわち、①文脈上明らかな助詞は省略される傾向があること、それから、②

日本語の語には一音節の語が少ないことを知っていなければなりません。周囲の大人が「血が出た」というのは、「チガが出た」の「が」が省略されているのだというように、子どもは間違えて、このような表現をしたのだと考えられます。同じようなエラーに、「*カニに刺された。(蚊に刺された)」という例もあります。

　また、修飾語と被修飾語の間に不要な「の」を挿入するエラーが子どものL1使用でも見られることがあります。

　(5)　*おーきいのさかな。(大きい魚)

　(5)は、第2章で取り上げたL2日本語使用者と同じく、「の」の過剰使用によるエラーです。これは、先に覚えていた、「(いろいろな花を指しながら)きいろいの、あかいの」というような表現からの類推ではないかともいわれています。

　次に、音声のエラーを紹介します。子どもの発話の例を見てください。

「コップ」(koppu)→「ポック」(pokku)
「ポケット」(poketto)→「コペット」(kopetto)

　このエラーの例は、文字レベルではなく、ローマ字にして初めて気づくような音韻レベルのエラーで、音素 [p] と [k] が規則的にひっくり返っています。

　音素のひっくり返り現象は、文字を知らず、ましてや日本語の一音節が開音節(子音と母音から成っている音節)であることを理解していない子どもが、意識してひっくり返すことができるような単純な間違いではありません。このように、言語使用の際のエラー及びミステイクは、L1でもL2でも見られます。

　ミステイクとは違って、エラーは一定の規則で繰り返し起こりうるものです。使用した本人は正しくない使用をしたということに無自覚であることも普通です。教室で、教えたばかりの文型(構文)を学習者が間違えた場合、教師はドキッとして、すぐに修正したくなるかもしれません。しかし、それは単なるミステイクかもしれません。教師が正しい文型に言い直したり、もう一度文型の

説明を始めたりする前に少し間を取って、学習者が自分で直せないか待つことも時には有効でしょう。

さて、L2習得の際の問題は表面に現れないこともあります。それは第2章でも触れた回避(avoidance)です。"The man who wears a red shirt is my brother." のような関係代名詞を用いた文は、日本人が英語を学ぶときに頭を悩ませる文法項目の一つでしょう。日本語では、連体修飾節は修飾したい語(被修飾語)の前にあります。一方、英語の関係節は修飾したい語の後ろに続きます。名詞修飾節について、英語と日本語でこのような言語の構造の違いがあるので、英語の関係節は、日本語をL1とするL2英語使用者には難しいと予想されます。

そこで、ジャクリン・シャクター(Jacquelyn Schachter)は、名詞修飾のしかたが異なる言語(ペルシア語、アラビア語、中国語、日本語)をL1とするL2英語使用者を対象にして、関係節に関する作文調査をしました。この調査を通して、L1が日本語である場合には関係節のエラーが少ないことが明らかになりました(→表1参照)。驚いたことに、関係節と被修飾語の位置関係が英語に近いはずのL1がペルシア語あるいはアラビア語の場合の方が、L1が日本語の場合よりも関係節に関するエラーの割合が高いことがわかったのです。日本語をL1とするL2英語使用者にとって難しいはずの関係節でエラーが少ないというのはどういうことでしょうか。

この疑問に迫るため、この調査の集計表(表1)をじっくり見てみましょう。

表1　5つの言語グループにおける関係節の産出 (Schachter 1974:筆者和訳)

L1	正	誤	合計	エラーの割合 (%)
ペルシア語	131	43	174	25
アラビア語	123	31	154	20
中国語	67	9	76	12
日本語	58	5	63	8
英語 (米国)	173	0	173	—

まず、一番右の「エラーの割合」を見てください。L1がペルシア語あるいはアラビア語の場合にエラーの割合が高いことがわかります。次に「合計」で

示されている使用数を見てみましょう。合計は関係節を使用した回数です。L1 がペルシア語あるいはアラビア語の場合と L1 が中国語あるいは日本語の場合の L2 英語使用者が使用した回数を比較してみると、L1 が中国語あるいは日本語の場合は使用回数が半分以下です。このことから、L1 がペルシア語あるいはアラビア語である場合と比較して、L1 が中国語あるいは日本語の場合、関係節をそもそも多く使わず、そのせいでエラーとならないという結果が浮き彫りになります。これは苦手な項目の使用を避ける回避という方略が L2 英語使用者によってとられた例です。回避は言語使用の陰に隠れ、表面的な問題として見ることができない現象です。使用には出現しませんが、出現しないというだけで、その言語項目を習得できているといえるわけではありません。回避された表現は観察できないため、L2 使用者がそれを正しく使用できないということは気づかれにくいのです。

　回避という方略もまた、L1 日本語使用者も行うものです。L1 日本語使用者は漢字がうろ覚えなので平仮名表記にしたり、うろ覚えのことばを別のことばに言い換えたりすることもあるでしょう。L2 日本語使用者もまた、日本語を使ってことばを発する際には、自信がない、不確定な表現を回避しながら、その時々のコミュニケーションを行っています。

4. 中間言語研究—L2 使用者独自の言語体系

　さて、ここで誤用分析のやり方を体験してみましょう。まず、次の L2 日本語使用者の発話に現れるエラーを分析してみましょう。

課題5

　　以下は、ある初級レベルの L2 日本語使用者と日本語教師の対話を文字起こしした資料（I-JAS のデータを基に改変）です。まず、この L2 使用者の言語使用でエラーに線を引きながら、資料を読んでみましょう。次に、この L2 使用者が苦手だと思うことについて自分で考えてください。その後、周りの人やグループで話し合ってみましょう。

L2 使用者：ええ、先生。日本には、果物は何を、何に人気ですか。
教師：　　ええと、メロンかな。メロン。
L2 使用者：わたし町は、一番果物は、えーとマンゴー。
教師：　　マンゴー。
L2 使用者：はい。マンゴーはうん、えー、わたし町、是非、く、来てく
　　　　　ださい先生。
教師：　　ええ、行ってみたいです。○○さん、ドリアンは好きですか。
L2 使用者：うーん、味は、んーはい。
教師：　　へえ、日本人みたいですね。
L2 使用者：日本には、果物安いは何ですか。
教師：　　うーん、バナナかな。

　この L2 日本語使用者の使用には、どんなエラーがありますか。まず、「何
に人気ですか」のような助詞のエラーに気づいた人が多いかもしれません。動
詞の活用では、「く、来てください」というように間違いそうになって、自己
訂正できている使用が見られます。自己訂正できていることから、これはミス
テイクと考えられます。

　ここで、助詞について、さらに見てみます。すると、例えば「日本には、果
物は何を、何に人気ですか。」というところから、「に」と「で」の混同がある
と分析できそうです。また、別の部分では、「わたし町」、「一番果物」と、
「の」の脱落が見られます。

　助詞に関するエラーを分類して集計すると、以下の表 2 のようになります。

表 2　助詞に関するエラー

エラーの分類	エラー数	出現形式（数字は各表現の出現回数）
「の」の脱落	4	「わたし町」2、「一番果物」1、「安いは」1
「に」と「で」の混同	2	「日本には」2
「に」と「が」の混同	1	「何に」1
「で」の脱落	1	「果物安い」1
「に」の脱落	1	「町是非」1

上の集計結果から、短いやりとりの中に９つも助詞のエラーがあり、初級レベルのL2日本語使用者にとって「助詞が難しい」と結論づけられそうです。また、その分類から、「の」の脱落が一番多いという結果を出せそうです。

　しかし、ここで一度立ち止まってみましょう。分類自体があいまいな場合がありませんか。例えば、「果物安いは何ですか。」という言い方は、上の表のように「果物<u>で</u>安い<u>の</u>は何ですか。」と、助詞「で」、「の」の脱落が起こっているとも分析できますし、語順のエラーで「安い果物」と言えなかったとも分析できます。同様に「一番果物」は、「の」の脱落と分析されますが、「一番有名な果物」の「有名な」が脱落しているのかもしれません。このように、複数の訂正の仕方ができるため、独断で分類し、数を数えることには注意が必要です。

　さらに、先ほどの「助詞が難しい」という分析結果を詳しく見てみましょう。助詞「は」の使用に着目してみると、助詞「は」は８回(うち２回は「日本には」)用いられていますが、エラーはありません。この結果から、助詞「は」は、ほかの助詞よりも習得がしやすいと考えても良いのでしょうか。

　助詞は、単独では用いることができない品詞です。助詞は述語との関係や名詞との関係でどの助詞を用いるかが決まります。ですから、「助詞(に、の、で、が)が難しい」、「助詞『は』は、ほかの助詞よりも習得がしやすい」と言った場合には、助詞だけが単独でできないというわけではありません。それよりも、その助詞が、ある文型の中で、あるいはある動詞と一緒の場合に正しく使えないという解釈をするべきです。ですから、助詞だけを切り出して「助詞の習得」とひとまとめにすることはできません。

　さて、今ここで行ったエラーを抽出して分類する分析が、第２章でも紹介した誤用分析の手法です。この分析方法は、正用については見ないため、上の集計からわかるように、分類があいまいになったり、使用の全体像がわからなかったりします。

　そこで、SLA研究では、エラーだけでなく、正用も含めて全体を通した規則を見つけるという考え方がとられるようになりました。それが、**中間言語研究**(interlanguage research)のアプローチです。エラーは無意識に起こるものであるにも関わらず、実はそこには一定の規則が見られます。その規則は、目標言語の言語体系を目指して発達段階で徐々に変わっていきます。L2使用者の

頭の中に蓄えられている言語体系を、ラリー・セリンカー（Larry Selinker）は**中間言語**（interlanguage）と呼びました。

　迫田（2001）では、中級レベルのL2日本語使用者が場所を表す格助詞「に」、「で」を用いる際に、「中」、「前」などの位置を表す名詞は「中に」、「前に」のように「に」と共に用い、「東京」、「食堂」などの地名や建物を表す名詞は「東京で」、「食堂で」のように「で」と共に用いる使用パターンが見られることを明らかにしました。このような使用のされ方は、言語処理のストラテジーであるとして、L2日本語使用者がある語と別の語とを結びつけて、かたまりとして覚えてしまうことが原因ではないかと考えられています。この現象のように、L2使用者の言語体系にはL1と目標言語の持つ規則のどちらでもない独自の規則が働いている可能性があります。課題5のL2日本語使用者の発話でも「日本には」がかたまりになっているように見えます。

　このように中間言語研究は、L2使用者独自の規則によって言語使用をした結果、エラー、あるいは正用となって現れるという考え方をするのです。この規則はL2使用者による知識の再構築によってどんどん変わっていくもの（可変的）です。L2使用者が目標言語を習得するプロセス、習得に関わる規則と言語体系の記述、及びその裏で働くメカニズムを明らかにするのが中間言語研究です。

　課題5の分析の続きに戻って、次は一見目立ちにくい、見えない部分に苦手なところがないか、回避が見られるかどうかという点に目を向けてみましょう。例えば、このL2日本語使用者は「味は、んーはい」と、文末をはっきり言っていません。これは、「おいしくない」、「好きじゃない」と言うと失礼だと思って言葉を濁したとも、それらの表現が出てこなかったので最後まで言わなかったとも考えられます。「マンゴーはうん、」の部分も最後まで言っていません。先ほど、このL2日本語使用者の助詞「は」の使用は正しいということを確認しました。しかし、一文として正しく言い終えていない回避が認められることからも、助詞「は」は、ほかの助詞よりも習得がしやすいと単純に結論づけることはできません。

　このL2日本語使用者は、うまく言えないときは、「うん」などで発話を止めて、対話者に続きを考えてもらう方略を身につけているかもしれません。こ

のような方略を使えばコミュニケーションが成功する場合、L2使用者は、ある表現を正しく使えるようにならず、長い間、正しい形式に置き換わらないままふさわしくない形式が継続的に現れることがあります。これは**定着化**（stabilization）、または**化石化**（fossilization）と呼ばれます。

　また、エラーとミステイクの区別ということについて考え直してみると、もう一つやっかいな問題があります。L2使用者の言語使用に見られた間違いが、本当にL2使用者が間違っているとは気づかないエラーなのか、あるいは実は自分で気づいて直せる、うっかり口をついて出たミステイクなのかは、厳密には判定できません。ですから、課題5の解説でエラーと分類したものの中には、もしかしたらミステイクがあるかもしれませんが、それをはっきりと区別することはできません。実際の使用をじっくりとよく見直してみると、「L2使用者は助詞のエラーが多い」というように、エラーの種類や数だけを根拠にした、誤用分析による見立てでは不十分であることがわかるでしょう。L2使用者の言語使用に関する研究を行う際には、学習者コーパスや、実際のやり取りのみを証拠として議論するのではなく、まずはそれらの分析を通してL2使用者の言語使用に関する予測をしたうえで、調査を通してその予測が合っているかどうかを明らかにする必要があります（→第13章、第14章参照）。

　エラーは発話、作文などの言語運用の場に出現するため、教師はどうしてもそれが気になります。そして、エラーの数だけを気にして、どうやってそれを減らすか頭を悩ませがちです。しかし同時に、正用と比較することや回避がないかどうかを考えることもまた、L2使用者の全体的な習得状況を知るためには必要な観点です。SLA研究では、このように、エラーをめぐる議論の進展に伴い、分析の仕方が誤用分析から中間言語研究に移行し、これまで中間言語研究を土台にして発展を続けました。そして、L2の多様性が認識された現在は、L1からL2への影響に限ったエラーという用語自体をもとらえ直す時期に来ています。次節では、それについて考えてみましょう。

5. 中間言語研究を越えて ―エラーから NTL へ

　ここまでの議論で、その言語の規則から逸脱したものをエラーと呼び、SLA
研究の研究史を振り返ってきました。ここで、エラーという用語について、最
近の SLA 研究の動向とともに、考え直してみましょう。中間言語研究の影響
を受けた SLA 研究では、これまで、L2 を習得する際に起こる、その言語の規
則から逸脱した使用のしかたを「エラー」、「誤用」、「誤り」と呼んできました。
しかし、SLA 研究では近年、言語使用の際の間違いを「失敗」というニュアン
スを持つエラーという呼び方で良いのか、疑問に思う研究者も増えてきました。
現在では、SLA の研究者や外国語の指導者の間でも「エラー」という用語自体
が再考され始め、論文の中でも「NTL（non-target-like；目標言語で使われる（文
法）形式とは異なるもの）」、「中間言語形式」、「非規範的形式」、「文法的ではな
い」などのような、より中立的な表現を目にする機会も増えてきました。

　L2 使用の当事者も、「誤用」、「エラー」、「誤り」ということばの持つニュア
ンスには否定的なものを感じる人が多いようです。「エラー」ということばの
類義語には、「失敗」、「ミス」、「しくじり」と、マイナスの意味を持つ語が並
びます。言語を使用する中で、L2 使用者にとって自分が用いる言語が「誤り」、
「正しくない」と言われ続けるのは、まだ直すべきところがある自分の不十分
な状態をそのたびに突きつけられるのです。

　ここで、SLA 研究において「エラー」という用語が見直されている背景を見
てみましょう。まず、第 2 章で触れた、L2 から L1 への逆行転移が存在する
という議論を思い出してください。人は歴史上長らく、新しい情報を求め、接
触し、新しいコミュニティを作り上げてきました。急速な高度情報化、グロー
バル化が進む現代では、ある特定かつ単一の言語コミュニティにしか全く関わ
らないような、モノリンガルを探すのがむしろ難しいというのが現実です。こ
の現在の世界の状況と、本章で見てきたエラーの議論、それから言語転移に関
する新しい潮流を合わせて考えてみる必要があります。

　これまでの議論の中では、「目標言語と異なる形式」をエラーと呼び、「正し
くない」使用として、「正用」と呼ばれる「正しい」使用と対立するものとし
て区別してきました。しかしそれは、目標言語では、正しい形式が確固とした

体系（つまり規範）として存在し、それから外れるものがすべてエラーであるというとらえ方が前提とされています。しかし、L2からL1への逆行転移、あるいは身につけた言語間の相互の影響が実際にあるのであれば、その規範を確固とした唯一のものに定めることはできません。

　この考え方につながるのが**マルチコンピテンス**（multi-competence；複合的言語能力）という考え方で、これは1990年代にビビアン・クック（Vivian Cook）によって提唱されました（→第2章参照）。クックは、複数の言語の知識がそれぞれ独立してある言語使用者の中に存在するのではなく、それぞれが影響し合いながら、統合された状態で一つの体系として言語使用者の中に存在すると考えました。この体系立った言語能力の総体をマルチコンピテンスと呼びます。L1からL2への一方向の発達ととらえていた中間言語という概念とは異なり、このマルチコンピテンスは、言語同士で絶えず変化が起こり続けると考える、人の言語能力を加算的にとらえる新しい概念です（→第15章参照）。

　L2からL1への逆行転移、言語間の影響を下敷きにしたマルチコンピテンスの議論は、これからさらに進んでいくであろう研究テーマで、今はまだ明らかになっていないことも多くあります。しかし、L1使用者の言語使用を常に言語能力の規範とし、L2使用者による言語使用はそれと比較して劣っている部分がある、いつまでも発展途上の存在であるという、これまでの言語習得観に一石を投じるものであることは確かです。

　言語は個人、社会の中で常に変化し続けています。それについては、日本語学の分野でも「ことばのゆれと誤用」として指摘されてきました。最近の使用例では、「違くて」、「違かった」があります。これは動詞「違う」がイ形容詞として活用している例です。この活用は、きゃりーぱみゅぱみゅの「原宿いやほい」、スキマスイッチの「奏」など、J-POPの歌詞の中でも見るようになりました。言語が刻々と変化するものだとすると、ある固定した言語規範を想定する「エラー」という用語はふさわしくありません。また、それとは逆に、目標言語で実際に使われている言語形式だとしても、それをL2使用者が習得するべき形式だと考えていいのかどうかは判断が難しいということも事実です。言語を常に変化していくダイナミックなものととらえる新しい言語観については第15章で触れます。

エラーと呼ばれてきた言語使用に現れる、目標言語の使用のされ方とは異なる形式に対して、今後、どの呼び方を用いるのが主流になるのかはまだわかりません。しかし、言語習得のエラーをめぐる議論が変革期を迎えているのは確かです。本書でも、これまでの議論を受けて、ここからは、中間言語研究を土台とする SLA 研究で用いられてきた「エラー」、「誤用」、「誤り」という用語ではなく、言語間の影響を下敷きにしたマルチコンピテンスの議論も包括する立場の SLA 研究を目指す立場から、「NTL（non-target-like；目標言語で使われる形式とは異なるもの）」という表現を用いることとします。

6. まとめ

本章で見てきたように、エラー（あるいは本章の議論を受けて NTL）は悪者でも避けるものでもなく、言語習得で歩む道で必ず出てくる、いわば成長の証です。それを手がかりに、言語を学ぶ本人も、指導者も、成長の道筋と現在の地点を把握することができるのです。

SLA 研究や外国語教育の分野では、長く親しんできた「エラー」、「誤用」、「誤り」という用語が見直され始めています。繰り返し変化が起こり続けてきた SLA の研究史上でも、現在は特に重要なターニングポイントとなるような、長年用いられてきた中心的な概念や用語のとらえ直し、研究領域や研究手法の見直しの議論が盛んに行われている時期であるといえます。

もっと知りたい人へ

○ 『改訂版 日本語教育に生かす 第二言語習得研究』迫田久美子（2020／アルク）

○ 『英語教育の素朴な疑問―教えるときの「思い込み」から考える―』柴田美紀・横田秀樹（2014／くろしお出版）

コラム 03

たった一文字の違いでグローバル!?

　教室で教師はどんな NTL から優先して訂正すればよいのでしょう。SLA 研究では、誤解を生んだり、意味がわからなくなったりする「グローバルエラー（global error）」と、文の理解にほとんど影響しない「ローカルエラー（local error）」を区別します。教師は NTL をすべて訂正するのではなく、情報伝達を妨げたり、誤解をされたりするグローバルエラーを中心に訂正し、ローカルエラーは少しずつ訂正するというのも一つの方法です。

　ところが、小さな間違いであったため、ローカルエラーだと思っていたら、よく聞いてみると、教師が読み取った意味と L2 使用者が伝えたい意味が違っていて、実はグローバルエラーだったということがあります。筆者も先日、こんなことがありました。

　留学生からもらったメールで、「8 月 12 日までにご都合がいい日を教えてくださいませんか。」と書いてあったので、返事を 8 月 12 日までにすればいいのかと思ってのんびり過ごしていたところに、依頼主の留学生から催促の連絡がありました。実は、この留学生は、メールを読んだ日から 8 月 12 日までの間で、私の都合がいい日を尋ねたかったそうで、本当は「8 月 12 日までで」と言いたかったのでした。

　この例では「8 月 12 日までに」、「8 月 12 日までで」という一文字の違いで誤解が生じました。たった一文字で、日にちが返事の期限を表すか、それともアポイントの期日を表すのかが変わってくるグローバルエラーです。

　グローバルエラーとローカルエラーをめぐる議論は、聞き手（読み手）が受け取った意味が、必ずしも話し手（書き手）が伝えたい意味ではないことがあるという教訓をくれます。これは、SLA 研究だけではなく、コミュニケーションの相手が誰であれ、情報のやり取りで誤解を避けるために持っておくべき視点です。

第**4**章 SLAの認知プロセス

この章のポイント！

第3章では、NLT（目標言語で使われる形式とは異なるもの）を通してL2使用者独自の言語である中間言語について見ました。中間言語の研究からは、L2がどのように習得されるのかを知ることができます。これに加えて近年では、L2の習得がなぜ起こるのかという習得のメカニズムを解明する研究が進んでいます。L2を学ぶとき、皆さんの頭の中ではどのようなことが起こっているのでしょうか。L2習得の過程で何が起きているかを知ることは、効果的な学習や指導について考えるヒントになります。この章では、皆さんの経験と照らし合わせながら、L2習得のプロセスを見ていきます。

☑ **キーワード**
インプット、アウトプット、フィードバック、インターアクション、理解可能なインプット、i＋1、肯定証拠、否定証拠

1. L2習得のプロセス

　ここではまず、教室で外国語を学ぶ場面を例に、L2習得のプロセスを理解するための基本的な概念を説明します（→図1参照）。

　L2習得はまず、聞いたり読んだりして**インプット**（input）を受けることから始まります。教室であれば、教師やクラスメートの話、テキストの文章、視聴覚教材などがこれにあたります。そして学習者の頭の中でインプットが処理され、話したり、書いたりする**アウトプット**（output）として産出されます。アウトプットしたあとは、学習者が自分でスピーチや作文をチェックして修正を行うこともありますし、アウトプットを聞いたり読んだりした教師やクラスメートから反応（**フィードバック**（feedback））が返ってくることもあります。学習者が話したこと（書いたこと）が教師やクラスメートにすんなりと伝われば、相手はそれに適切に返事をしてくれるでしょう。しかし、意図が伝わらなかったときには、聞き返されたり、表現を訂正されたりするかもしれません。学習者自

身も「このことばは日本語で何と言いますか」などと質問することがあります。このようなアウトプット後の教師やクラスメートからのフィードバック、学習者自身の修正などもインプットとして再び取り入れられます。また、この過程において、学習者と教師間または学習者間で起きるやりとりや対話を**インターアクション**（interaction）と呼びます。SLA 研究では、当初、L2 を習得するためにはインプットがあれば十分だという考えもありましたが、研究が進むにつれて、インプット、アウトプット、インターアクションのすべてがあるのが望ましいと考えられるようになりました。

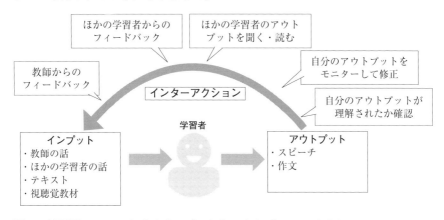

図1　外国語クラスにおけるインプットとアウトプットのサイクル
（Harmer（2015：266）を参考に作成）

課題1

　皆さん自身の外国語（L2）学習を振り返ってみましょう。インプット、アウトプット、インターアクション、それぞれに関わる学習方法を十分に取り入れることができていますか。フィードバックを得る機会はあるでしょうか。例えば、インプットは多いがアウトプットの機会は少ないなど、学習にかたよりはないでしょうか。周りの人やグループで話し合ってみましょう。

2. インプットの必要性

　L2 習得がどのように起こるのかという習得のメカニズムについては、さまざまな観点から研究されてきました。その中の一つに、L2 習得の際、ヒトの頭の中では何が起こっているのかという認知プロセスに着目する考え方があります。以下の図2は、L2 習得の認知プロセスを表したものです。

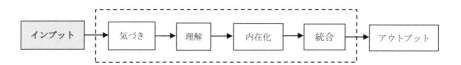

図2　L2 習得の認知プロセス（村野井（2006：10），廣森（2015：24），Gass et al. （2020：579）を参考に作成）

　皆さんは、英語を上達させるためには、洋書を読んだ方がいいとか海外ドラマを視聴した方がいいなどといわれたことはないでしょうか。多読・多聴などの学習方法を勧められたことがある人もいるかもしれません。これらはすべてインプットに関するアドバイスです。しかし、そもそもの疑問として、L2 習得には、なぜインプットが必要なのでしょうか。

　インプットには L2 習得を促進するいくつかの役割があるのですが、まずは、L2 習得はインプット抜きには始まらないということからお話しします。L2 習得の認知プロセス（→図2参照）ではインプットを受けることによって、その人の頭の中で中間言語が構築され、それに基づいてアウトプットがされます。つまり、L2 習得においてインプットは必要不可欠なものなのです。

　ただし、私たちは受けたインプットすべてを中間言語に取り込めるわけではありません。そのため基本的に、もともとのインプットの量と比べて中間言語は少なくなります。また、必ずしも知っていることをすべてアウトプットできるわけではないため、アウトプットの量はさらに少なくなるといえます。したがって、一定量のアウトプットをしようとするならば、多くのインプットを得る必要があると考えられます（和泉 2009）。

　しかし、インプットを多く受けることが大事だとはいっても、何を言っているのか全くわからない音声を聞き続けたり、意味がわからない文章を読み続け

たりするのは苦痛でしかありませんし、そこから何かを学ぶことも難しいでしょう。そのため、自分の今の言語レベルより難しすぎたり、簡単すぎたりしない、**理解可能なインプット**を得ることが重要です（**インプット仮説**（Input Hypothesis））（Krashen 1985）。この理解可能なインプットはi＋1とも呼ばれますが、「i」は input を表し、「1」は現在の言語レベルよりも少し難しいことを示しています。

　また、インプットは理解可能であることに加えて、**関連性**や**真正性**があり音声と文字両方を備えていることも重要であるといわれています（村野井 2006）。まず、インプットの「関連性」とは、内容がその人の興味、関心に沿っていて自分の生活や将来に関連があると感じられるということです。教室外も含めて継続的にインプットを受け続けるためには、内容がその人の興味に沿ったものでなければ難しいでしょう。次に「真正性」は、インプットが現実のコミュニケーションを目的として書かれたり、話されたりしたものであるということです。もちろん入門や初級レベルの場合は難易度を調整する必要があります。しかし、ずっと教科書だけで学んだ人の場合、実際に目標言語の L1 使用者と会話しようとすると相手の表現がわからないということはよくあります。真正性の高い教材を使うことはより内容的、言語的に豊かなインプットに触れる機会となります。また、インプットを受ける際に音声と文字の両方があることで記憶に定着しやすくなるといわれています。例えばスクリプトがついた音声や、CD 付きの本などがこれにあたります。皆さんが L2 を学んだり、教師として教えたりする際には、上記のような観点を参考に、読解や聴解の練習に使える言語素材（教材）を探すこともできるでしょう。

課題2

　上述した L2 習得を促すインプットの条件、①理解可能、②関連性、③真正性、④音声と文字、を参考にしながら L2 日本語使用者が使える言語素材（教材）を探してみましょう。
■ L2 日本語使用者向けのオンラインサイトの例
・「NEWS WEB EASY」（NHK）https://www3.nhk.or.jp/news/easy/
・「ひろがる　もっといろんな日本と日本語」（国際交流基金）
https://hirogaru-nihongo.jp/　　　　　　　　（2021 年 11 月 8 日閲覧）

3. インターアクションの有用性

　L2習得では多くのインプットを受けることが大切だと述べましたが、ただインプットを受けるだけでは十分ではありません。このことは、毎日、洋楽を聞いていたとしても、それだけで英語がペラペラになることはないことからもわかると思います。ここではインプットを受けたあと、私たちの頭の中でどのようなことが起こっているのか見てみます。次の図3では、網かけの部分がインプットを受けたあと頭の中で起こっていることを表しています。

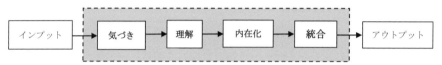

図3　L2習得の認知プロセス（村野井（2006：10），廣森（2015：24），Gass et al.（2020：579）を参考に作成）

　例えば、私たちはL2で書かれた文章を読んだとき「この単語はどう読むんだろう」「この表現はどういう意味だろう」など、特定の言語形式（語彙、文法、発音、表記など）に注意を向けることがあります。これを**気づき**と呼びます。人はインプットをすべて取り入れているわけではなく、自分が注意を向けた対象（気づきが起こったもの）を取り込んでいるのです。第2節で理解可能なインプットが大切だといいましたが、これも気づきとの関連から説明できます。それは、インプット全体の意味はほぼわかるが、わからないことも少しある、そのような状態が気づきを起こしやすいからです。

　しかし、インプットに気づくことができたとして、それが理解されるとは限りません。例えば、目標言語話者と話していて相手が使った単語や表現がわからず、それに注意を向けたとしても、そのまま放っておけば、中間言語に取り込まれることはありません。しかし、ここで相手に「もう一度言ってください」「それは、どういう意味ですか」など聞き直したり、説明を求めたりすると理解できることがあります。例えば、次の例を見てください。

田中：その眼鏡、素敵ですね。いつもはかけてないのに、伊達眼鏡ですか？

ケイン：伊達眼鏡って、何ですか？

田中：ええと、伊達眼鏡っていうのは、おしゃれのための眼鏡です。
　　　目が悪くない人でも、ファッションで使います。

ケイン：ああ、いいえ、違います。最近、急に目が悪くなってしまって。

　会話の中でケインさんは「〜って、何ですか？」と、意味がわからないことばがあったことを相手に知らせており、それに応えて田中さんが説明をしています。このように対話ややりとりといったインターアクションの中でお互いが意思の疎通をするための努力をすることを**意味交渉**と呼びますが、意味交渉はインプットを理解可能なものに調整するために重要な役割を果たしています（**インターアクション仮説**（interaction hypothesis））（Long 1996）。そして、L2使用者がインプットの中の特定の言語形式に気づき、理解することでその言語形式が新しく中間言語へと取り込まれます（**内在化**（intake））。さらに、その人がすでに持っていた言語知識と新しい知識が**統合**することで、新たな中間言語システムが構築されるのです。

課題3

　意味交渉は、目標言語のL1使用者とL2使用者の間でよく見られます。また目標言語のL1使用者同士、L2使用者同士の間でも起こります。皆さんも普段の会話の中で経験したことがあるのではないでしょうか。
　以下は意味交渉の種類ですが、例で挙げたもの以外にどのような表現が使えるか、話し合ってみましょう。
①明確化要求：相手の意図が不明確なときやわからないとき、情報を求めたり意図を明確にするように要求したりする
　　例「〜って、何ですか？」
②確認チェック：相手の意図を自分が正しく理解できたか確認する
　　例「それは、〜ということですよね？」
③理解チェック：自分の意図を相手が正しく理解したか確認する
　　例「わかりましたか？」

4. アウトプットの重要性

L2習得にはインプットとインターアクション、アウトプットが必要と述べましたが、ここではアウトプットについて説明します（→図4参照）。アウトプットとインターアクションは重複する面もあるのですが、アウトプットには、スピーチをする、レポートを書くなど（後に他者からフィードバックをもらうとしても）必ずしも相手を必要としない活動も含まれます。

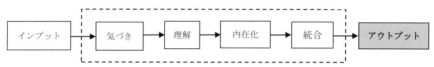

図4　L2習得の認知プロセス（村野井（2006：10），廣森（2015：24），Gass et al.（2020：579）を参考に作成）

L2習得を促進するにはインプットだけでは十分ではなく、アウトプットが重要だといわれています（**アウトプット仮説**（output hypothesis））（Swain 2005）。アウトプットには多くの役割があるのですが、まず重要な点として、アウトプットすることで自分の言語知識に欠けている部分があることに気づくということが挙げられます。例えばL2で話そうとしたときに、「あれっ、この単語、○○語で何て言うんだっけ？」と焦った経験は誰でもあるのではないでしょうか。実際に話したり書いたりすることで、どのような知識が足りないかを認識することができます。さらに、このような経験をしたあとに、わからなかった単語を自分で調べたり教師に聞いたりすることで、次の学習へとつながる可能性もあります。

また、私たちは、自分が十分に習熟していない言語でコミュニケーションしようとするとき、自分の言いたいことを何とか相手に伝えようと努力します。次の例を見てください。王さんは初め、言いたいことをうまく表現できていないのですが、相手の反応を基に自分の発話を見直し、修正することで、意図した通りに伝えることに成功しています。

佐藤：王さんは、どうして日本語を勉強しようと思ったんですか？

王：私は、外国語を勉強するのが好きです。それに日本語は英語より、やすいと思います。

佐藤：え？　やすい？　えーと、何がやすいんですか？　教科書ですか？

王：あ、いいえ。やすいじゃなくて…。えーと、やさしいです。私にとって、日本語は英語よりやさしいです。日本語の方が簡単だと思います。

佐藤：ああ、そうなんですか。僕にとっては、外国語はどれも同じくらい難しいですけどねえ。

　私たちが L2 でアウトプットするときには、自分の意図を伝えるためにどのような言語形式が必要なのかを考えなくてはなりません。また、自分の意図が相手に伝わらなかった場合、持っている言語知識を最大限使ってアウトプットを修正し、相手にとって理解可能なアウトプットを生み出そうとします。このように、言語形式に注意を向けながらアウトプットを修正する過程が L2 習得を促進すると考えられており、これも L2 習得においてアウトプットが重要である理由の一つといえます。

　さらに前節でも述べたように、アウトプットすることによってフィードバックを得ることができます。上記の例でも王さんは佐藤さんのフィードバックから、意図が適切に伝わっていないことに気づき、言語形式を修正しています。このように、L2 使用者は、相手からのフィードバックを手がかりに、現在自分が使用している言語形式が適切なのかどうかを判断します。アウトプットは、L2 使用者が自身の中間言語の正しさを確かめる、**仮説検証**の機会ともなっているのです。

　しかし、L2 で何かを話そう（書こう）とした際に、頭に浮かんだ内容につい

て文法や語彙を即座に組み立てるというのは簡単なことではありません。現実のコミュニケーションにおいて、瞬間的にメッセージを言語化できる場合、その言語知識は**自動化**されていると考えられます（de Bot 1996）。つまり、ただわかっているだけではなく、その知識を使えるようになった状態です。アウトプットすることでさまざまな言語形式を使う機会が増え、それによって知識への素早いアクセスが可能になると考えられています。アウトプットには、このように自動化を促進するという効果もあるのです。

　ただし、アウトプットに関しては、単にたくさん話したり書いたりするだけでは十分とはいえません。活動後に、教師やほかの学習者からフィードバックをもらったり、やりとりをしたりすることこそが習得を促進することにつながります。確かに、フィードバックを返すのは教師にとって負担の重い仕事です。しかし、学習者にとって、フィードバックは、目標言語で「何が言えるか」「何が言えないか」を知ることができる貴重な情報源でもあります。目標言語でどのような言語形式が使われるか（何が言えるか）に関する情報（**肯定証拠**（positive evidence））はフィードバックだけでなく、母語話者の話を聞いたり教材を読んだりすること（インプット）からも得られます。一方で、目標言語では適切でない言語形式（何が言えないか）についての情報（**否定証拠**（negative evidence））は、インプットを受けているだけではなかなか得にくく、フィードバックによって得られるといわれています。

課題4

　皆さんは、フィードバックは教師がするものだと思いますか。ピア・レスポンス（池田・舘岡 2007）という活動では、L2 で書いた作文について学習者同士がフィードバックをし合い、改善していきます。学習者同士でするフィードバックと教師がするフィードバックには、どのような違いがあるでしょうか。それぞれの効果的な点と問題点について話し合ってみましょう。

5. まとめ

　本章で見てきたように、L2 習得のプロセスでは、インプット、アウトプッ

ト、インターアクションのすべてが必要です。皆さんが教師であれば、インプット、アウトプット、インターアクションすべてに関わる活動を教室に取り入れることができているかどうか、振り返ってみてください。例えば、読解などインプット中心の授業であっても、読んで内容理解の質問に答えるだけではなく、理解した内容を自分のことばでほかの人に話してみる「再話」（小河原・木谷 2020）などの活動と組み合わせることもできます。またシャドーイング（迫田・古本 2019）を授業活動や授業外の課題として取り入れ、インプットやアウトプットの機会を増やすことも考えられます。さらに、学習者の中には、教室の外で目標言語話者と話していても、NTL（目標言語で使われる形式とは異なるもの）に対してフィードバックをもらうことがあまりないという人もいます。このような人にとっては、教室での教師からのフィードバックは貴重な情報源となるでしょう。

　皆さんが L2 を学ぶ際には、インプット、アウトプット、インターアクションのどこかの段階に学習がかたよっていないか、考えてみてください。L2 習得に関する研究を参考にしながら、課題 1 で振り返ったように自分の外国語学習を見直してみることも必要かもしれません。また、フィードバックをもらう機会をできるだけ増やすようにしましょう。教師から NTL を指摘してもらうだけでなく、課題 4 で見たピア・レスポンスのように、学習者同士で積極的にフィードバックし合うことも大切です。

もっと知りたい人へ

○ 『フィードバック研究への招待 −第二言語習得とフィードバック−』大関浩美（編著）名部井敏代・森博英・田中真理・原田三千代（2015／くろしお出版）

○ 『はじめての第二言語習得論講義−英語学習への複眼的アプローチ−』馬場今日子・新多了（2016／大修館書店）

○ 『改訂版　英語学習のメカニズム−第二言語習得研究にもとづく効果的な勉強法−』廣森友人（2023／大修館書店）

コラム 04

言語の4技能＋？

　皆さんは言語の4技能（four skills）ということばを聞いたことがありますか。4技能とは、聞く、読む、話す、書く、を指し、L2のコミュニケーション能力を伸ばすには、これらをバランス良く練習することが必要だといわれます。しかし、実際には、4技能すべてに自信があるという人はまれで、読むのはともかく話すのは自信がないなど、特定のスキルに苦手意識を持っている人が多いのではないでしょうか。

　例えば筆者が以前、出張で韓国に行ったときのことです。ホテルの受付にいたスタッフは流暢な日本語で挨拶してくれました。ところが、私がホテルから目的地までの道を教えてもらおうと日本語のガイドブックを見せたところ、読むのは苦手（特に漢字）なので英語で地名を書いてほしいと言われました。そこで英語表記の地名を見せると、インターネットで場所を特定し、そこまでの行き方を再び丁寧な日本語で教えてくれました。

　私たちは教室活動でも目標言語話者との意思疎通でも、苦手な技能を使うことからつい逃げてしまいがちです（例えば私は英語で話すのが苦手なので、連絡の際は電話よりもメールを選ぶことが多いです）。しかし上述したホテルスタッフの例からすると、特定の技能に不安がある場合でもそれを補いながら意思疎通することはできそうです。もちろん普段から4技能を総合的に練習していくことは大切です。ただそれと同時に、コミュニケーション能力というものを、L2だけでなく、L1や媒介語、テクノロジーを活用する能力などと併せてとらえてみてください（このような考え方を複言語・複リテラシーアプローチと呼びます（→第8章参照））。まずは意思疎通を図ってみること、そしていろいろな方法で補いながらでも苦手な技能を使ってみることが、最終的に総合的なコミュニケーション能力を高めることにつながるのではないでしょうか。

第**5**章 個人差がSLAに与える影響

この章のポイント！

SLA 研究には、大きく分けると(1)L2 習得の一般的なプロセスを明らか
にする研究と、(2)L2 習得の個別性を明らかにする研究があります。前
章までは(1)に着目し、多くの人に共通する習得プロセスについて見てき
ました。この章では(2)に関連して、人によって言語習得の進み方に違い
が見られるのはなぜか、という個人差について見ていきます。L2 使用者
として自分がどのようなタイプなのかを知ることは、自分に合った学習方
法を模索する上で参考になるからです。また教師にとっては、多様な L2
使用者に接する際の態度や心構え、授業活動での工夫を考える機会になる
でしょう。

☑ **キーワード**

個人差、言語適性、ワーキングメモリ、動機づけ、動機づけストラテジー、
学習ストラテジー、自己調整学習

1. L2 習得における個人差

　皆さんは、同じ外国語の授業を受けていて、自分よりクラスメートの方が早
く上達したという経験をしたことはありませんか。または皆さんが教師なら、
同じテキストを使って同じ授業をしているのに、上達が早い学習者とそうでは
ない学習者がいるということはなかったでしょうか。

課題 1

　目標言語の習得スピードや最終的な言語レベルに、人によって違いが生ま
れるのはなぜでしょうか。どのような要因が影響を与えるのか考えてみま
しょう。

　L2 習得には、L1 と目標言語との言語的距離や学習時間、指導方法、学習環
境(目標言語を日常的に使う環境かどうか)などの要因が影響を与えるといわれ

ています。しかし、たとえ同じ L1 を持つ人々が同じ学習環境で L2 の指導を
受けたとしても習得の進み方は違うことがあります。このような違いが生まれ
るのは、上述したような要因に加えて、L2 使用者の**個人差**（individual differ-
ences）が影響を与えるからです。個人差には、性格や言語適性、学習ストラ
テジー、ビリーフ、動機づけといった要因が含まれます。本章ではこれらの中
から、まず、L2 習得に大きな影響を与えるといわれる言語適性についてお話
します。次に、動機づけと学習ストラテジーを取り上げます。動機づけと学習
ストラテジーは、性格などと比べて、教師の働きかけによって変化しやすい要
因だと考えられています。

2. 言語適性

　個人差要因にはさまざまなものがあると述べましたが、その中の一つに**言語**
適性（language aptitude）があります。適性と聞くと、「私には語学の才能やセ
ンスはないから」と心配になってしまう人もいるかもしれません。しかし、言
語適性は単純に「ある」「ない」でとらえられるものではありません。それは、
言語適性が一つの能力を指すのではなく、複数の能力から構成されているから
です。言語適性にどのような能力が含まれるかについては、いくつかの見解が
あるのですが、ここでは言語適性を**音韻処理能力**、**言語分析能力**、**記憶力**から
なるとする説を紹介します（Skehan 1998）。
　L2 習得はインプットを受けることから始まりますが（→第 4 章参照）、言語適
性の構成要素の一つである音韻処理能力はこの段階で重要な役割を果たします。
例えば、ある単語を聞いたとき（目にしたとき）、私たちの頭の中では、その単
語を音に分解したり、音を記憶したりして、それがどのような音なのかを認識
するという作業が行われます。インプットが音声であれ文字であれ、まずは頭
の中でいったん音に変換し、次に意味を理解しようとするのです。音韻処理能
力はインプットを習得につなげる上で重要であり、そのため特に学習の初期段
階では音韻処理能力が高い人ほど、習得が早く進むといわれています。
　次に言語分析能力は、インプットを分析して自分がすでに持っている言語知
識と照らし合わせ、目標言語のルールを推測したり一般化したりすることに関

わります。言語分析能力が高い人は、インプットを分析し、自分で文法ルールなどを見つけることができると考えられています。このような能力は中間言語の構築に関わるため、言語分析能力は学習のすべての段階で重要といえます。

　最後は記憶力です。記憶力というと、何かを覚えることが思い浮かぶかもしれませんが、それだけでなく、知識を使う際に取り出すことにも関わります。そのため記憶力は、インプットだけではなくアウトプットの段階でも必要です。私たちが話したり書いたりするときには、頭の中にある語彙や文法の知識にすばやくアクセスすることが求められるからです。特に学習が進んだ段階では、複雑な文法や表現を使ってアウトプットすることが必要になるため、記憶力は重要な役割を果たします。

　以上のように言語適性は複数の構成要素からなり、ある能力は低いがほかの能力は優れているというように、人によって強みや弱みがあるのが普通です。自分の強みとマッチする学習（指導）法で学んだ場合は成果が上がりやすくなりますが、そうでない場合はなかなか成果が上がらないこともあるでしょう。また音韻処理能力、言語分析能力、記憶力の中のどれがより強い影響を及ぼすかは、学習段階によって異なるため（Skehan 1998；向山 2013）、各学習段階において鍵となる能力が低いと思われる学習者に対しては、教師のサポートが必要となると考えられます。

課題2

　国内の日本語教育現場では、初級レベルから直接法（学習者のL1や媒介語を使わず目標言語のみを使って教える指導法）により授業を行うクラスが多く見られます。しかし、音韻処理能力が低い学習者の場合、直接法による授業を難しく感じることが予想されます。皆さんが教師なら、学習者の弱いところ（音韻処理能力）を補うために、授業でどのような工夫ができるでしょうか。または、皆さんが学習者なら、自分の弱いところ（音韻処理能力）をトレーニングするために、どのような学習方法が考えられるでしょうか。周りの人やグループで話し合ってみましょう。

　例）教師：授業中、板書を多くする。
　例）学習者：音声データを使って繰り返し聞く練習をする。

言語適性の構成要素の中に記憶力があると述べましたが、記憶力をどのように測るかについてはいくつかの意見があります。その中の一つが**ワーキングメモリ**（working memory）に着目するというものです（向山 2013）。ワーキングメモリは「脳のメモ帳」（苧阪 2002：i）とも呼ばれ、日常生活全般に関わります。例えば、私たちは本を読むとき、今読んでいる箇所とそれまでに読んだ内容とを関連づけてストーリーを理解したり、一時的にでも内容を記憶しながら読んだりしています。このようにある情報を保持しながら、もともと持っている知識と関連づけて処理するといった際に必要となるのがワーキングメモリです。

　私たちがL2で本を読むときは、読んだはずの内容が思い出せない、ストーリー全体を理解するのが難しいということが起こります。これは、語彙や文法などの情報を処理するだけでワーキングメモリに大きな負荷がかかってしまい、内容を理解する余裕がなくなってしまうためです。L1など自分が習熟した言語の場合は言語的な問題は少ないため、内容だけに集中して読むことができます。

　教室活動の際もワーキングメモリは影響を与えます。例えばスピーキング活動では、相手の話を理解しつつ、瞬時に自分の言いたいことをことばにする必要があります。その際、L2で正確な言語形式が使えているかということにも気を配る必要が生じるため、ワーキングメモリに大きな負荷がかかります。このような場合の負荷を調整する方法としては、例えば活動前に、教師が学習者に準備時間を与えることが考えられます。事前に話す内容を考えることで、実際に話す際の認知的負荷が下がり、ある程度、注意力を言語形式に向けることができると考えられます。そのほかにも、同じ内容について違う相手に繰り返し話してみるなどの方法であれば、すでに話す内容は頭に入っているため、認知的負荷が下がり、話している間、言語形式に注意を向けやすくなると考えられます。

3. 動機づけ

　言語適性はL2習得に大きな影響を与えると述べましたが、L2習得には長い年月が必要であり、その過程では**動機づけ**（motivation）や、あとで述べる学習ストラテジーなど、言語適性以外の個人差要因も影響を与えると考えられます。

動機づけは、何かを始める理由やきっかけとなるものですが、それだけではなく、言語学習を続けることやどのくらい努力するかといった学習のプロセスにも影響を与えます（Dörnyei & Ushioda 2021）。

　日本で教育を受けた人には、学校の科目として英語を学び始めたという人が多いのではないでしょうか。このように外部から与えられる目的や理由に基づいて学ぶものを**外発的動機づけ**（extrinsic motivation）といいます。それに対して、学ぶ内容自体に興味がある、授業が楽しくてワクワクするというように、自分の内部から湧きでる関心や知的好奇心が源泉となっているものを**内発的動機づけ**（intrinsic motivation）と呼びます（Deci & Ryan 2002）。

　外発的・内発的動機づけのような動機づけのとらえ方は、外国語科目だけではなく社会や理科など、ほかの科目にも共通するものです。しかし、外国語という科目の特殊性は、現実にその言語が使用されている社会が存在し、その社会や目標言語話者とのつながり、その言語の社会的地位などが動機づけに影響を与えるということにあります。例えば、日本食や日本酒、アニメや漫画といった文化は今や世界に広まっており、日本文化や社会に対する関心や好意などから日本語を学び始めたという L2 日本語使用者は数多くいます。このように、目標言語話者や社会に肯定的な感情を抱き、そのコミュニティに参加するために学ぶというものを**統合的動機づけ**（integrative motivation）と呼びます。また、特に日本との経済的関わりが深い国の L2 日本語使用者からは、将来、日本語を使う仕事に就きたいという学習理由を聞くこともよくあります。進学や就職、資格の取得など実利的目的を達成する手段として学ぶものを**道具的動機づけ**（instrumental motivation）といいます（Gardner 2010）。

　近年では、統合的動機づけを発展させた概念として、L2 使用者が持つ理想像や将来像に着目し、「こうありたい、こうなりたい」というイメージとの関連から、動機づけを理解しようとするアプローチも見られます。例えば、以前、日本の作家が好きな学生が「将来、翻訳家になって村上春樹や吉本ばななの翻訳本を出版したい」という夢を語ってくれたことがあります。また、日本で働いている先輩の姿に憧れて日本語の勉強を頑張っているという人もいました。このような動機づけを**第二言語の理想自己**（ideal L2 self）と呼び、将来こうなりたいという理想の姿と現在の自分の語学力とのギャップを埋めたいという思

いが、学習の原動力になっていると考えられています（Dörnyei & Ushioda 2021）。

　上記で紹介した動機づけは、それぞれが全く異なるというわけではなく、概念的には、一部重なっているものもあります。また、一般的に L2 使用者は一人が複数の動機づけを持っています。むしろ、一つの動機づけしか持たない場合は、その目標を達成したときに学ぶ理由がなくなってしまうため（例えば、大学受験が終わったとたんに英語の勉強をやめてしまう）、複数の動機づけを持つことが学習を支えることにつながると考えられています（廣森 2010）。

課題3

　　今日、英語は国際的な言語となっており、ほとんどの L2 日本語使用者は英語も学んだことがあると考えられます。これまでの研究からは、L2 使用者が英語と日本語両方を学んでいる場合、国際的な言語である「英語」の学習が優先され、「日本語」に対する動機づけが低下する場合があることが報告されています（Nakamura 2019）。皆さんの場合はどうでしょうか。以下の①②について、周りの人やグループで話し合ってみましょう。

　　①「英語」と「英語以外の言語（日本語を含む）」で、学習の動機づけは異なっているでしょうか。
　　②両言語の学習の比重は同じでしょうか。どちらか一方を重点的に学習しているでしょうか。その理由も考えてみましょう。

4. 動機づけの減退と動機づけストラテジー

　L2 学習は長く続く道です。その長い道のりの中では、L2 使用者が持つ動機づけのタイプやそれぞれの動機づけの強さも変わっていく可能性があります。動機づけは固定的なものではなく、上がったり下がったりを繰り返しながら変化していくものなのです。皆さんも、学習を始めたばかりの頃はやる気満々だったのに、途中から気持ちがしぼんでいってしまったという経験はないでしょうか。このような一時的な低下は、**動機づけの減退（demotivation）**と呼ばれます。誰でもそれを経験する可能性はあるのですが、そのまま進むと動機づ

けを失ってしまうことになりかねません。例えば、以下のような要因が動機づけの減退を起こす可能性があるといわれています（菊地 2015）。

(1) 教師に関する要因
    例：説明方法、目標言語能力、学習者に対する態度など
(2) 授業環境に関する要因
    例：クラスメートの学習態度、クラスの人数、科目が必修であることなど
(3) 学習者の失敗経験に関する要因
    例：テスト結果が悪かったこと、学習方法がわからないことなど
(4) 目標言語に対する興味の欠如
    例：目標がないこと、必要性がわからないことなど

　この中で注目すべきなのは、(1)の教師が原因で動機づけが低下する場合があることです。教師は自分自身が学習者の動機づけを左右する大きな要因の一つであることを自覚する必要があります。また、学習者の動機づけを高めるために積極的、意図的に働きかけていくことも重要です。学習者の動機づけを高めるための教師の働きかけを**動機づけストラテジー**（motivational strategies）と呼びますが、その例を挙げれば、目標言語や文化への関心を高める教材やタスクを挑戦しがいがある内容にする、学習者が自信を失わないように励ますなどがあります（Dörnyei & Ushioda 2021）。しかし、学習者にもさまざまなタイプがあり、これであれば絶対大丈夫というような対処方法はあまり見あたりません。多様な動機づけストラテジーをストックしておき、場面やタイプに応じて試してみる必要があるでしょう。ほかの教師とアイデアをシェアするのも良い方法かもしれません。また学習者自身も、どのようにすれば自分の動機づけを保つことができるか、自覚しておくと良いでしょう。

5. 学習ストラテジーと自己調整学習

　皆さんの中には、やる気はあるけど勉強方法がわからないという人もいるかもしれません。一般的に L2 習得が上手く進む人は、多様な**学習ストラテジー**

（learning strategies）を取り入れているといわれています。学習ストラテジーとは、特定のタスクの達成や言語能力の向上などを目的として、L2 使用者が選択し、使用する考え方や行動のことです（Oxford 2017）。学習ストラテジーは数多くあり、その分類にもいくつかの意見があるのですが、O'Malley & Chamot（1990）は以下のような三つの分類を示しています。

(1) **メタ認知ストラテジー**
　　　例：学習計画を立てる、自分の理解度をチェックする、
　　　　　自己評価するなど
(2) **認知ストラテジー**
　　　例：情報をグループ化したり分類したりする、リピートする、
　　　　　視覚情報を活用する、テキストの文脈から意味を推測するなど
(3) **社会・情意ストラテジー**
　　　例：教師に質問する、ほかの学習者と協力する、
　　　　　自分で自分を励ますなど

　上記の分類が示されたのは 1990 年代ですが、近年のテクノロジーの発達とともに、学習ストラテジーも大きく変化していると考えられます。アプリやインターネット上の学習サイトなど、言語学習を効果的に進めるためのツールは次々と開発されており、それらを用いた新しい学習法も生み出されています。
　社会は常に変化しており、現在、私たちが知っている知識やスキルだけでは、将来の急速な変化に対応できなくなる可能性があります。そのため L2 使用者自身が主体的に学習を管理し、自身や周囲の変化に合わせて多様な学習方法を取り入れられるようになることが重要だと考えられます。この際に鍵となるのがメタ認知ストラテジーです。メタ認知ストラテジーは、学習計画を立てる、学習を振り返って、今後どのように学習を進めていくかを決めるなど、学習プロセス全体を自らコントロールするものです。最近では、この考え方を発展させたものとして、L2 使用者を自らの学習を調整する（コントロールする）主体ととらえる、**自己調整学習**（self-regulated learning）（自己調整学習研究会 2012）が注目されています。これまでの研究では、動機づけや認知ストラテ

ジー、メタ認知ストラテジーは別々のものとしてとらえられることが多かったのですが、自己調整学習では L2 使用者が自ら目標を定め（動機づけ）、そのために多様な学習方法を取り入れ（認知ストラテジー）、学習の進捗を管理する（メタ認知ストラテジー）というように、各要因につながりを見いだし、これらが有機的に機能することで自律的な学習が進むと考えられています。

　自己調整学習を具体的な学習場面で見てみると、特定の課題を行う前の段階、実際に課題を行う段階、課題を行ったあとの段階、という三つのステージから理解することができます。まず課題を始める前の段階では、これまでの学習に対する自己評価をしたり、学習目標・計画を立てたりします。次に実際に課題に取り組む段階では、さまざまな学習ストラテジーを使いますが、ストラテジーはとにかく多く使うことが重要なのではなく、目的や課題の内容に合わせて使い分けたり、組み合わせたりすることが大切です。そのためにはメタ認知ストラテジーを働かせて理解度や進捗状況を確認し、最適と思われるストラテジーを選択することが必要となります。最後に課題を終えたあとの段階では、

課題4

　皆さんは、上記の学習ストラテジーをどのくらい自分の学習で実践しているでしょうか。ここではリスニングの課題に取り組む場合を例に、自分が以下のことをしているか、考えてみてください。

①課題を行う前の段階
□聞く目的（何のために聞くのか、どのような情報を聞き取るか）を意識する。
□話題や場面などから、聞く内容を予測する。
②課題を行う段階
□聞きながら場面を想像したり、先を予測したりする。
□聞き取れなかったことばや知らないことばについて、文脈から意味を推測する。
□目的のために必要な部分（情報）に注意を集中して聞く。逆に、あまり目的と
　関連しない部分は、よくわからなくても気にしない。
③課題を行ったあとの段階
□必要な情報が聞き取れたか、理解が不足している部分はどこか、振り返る。
□理解できなかった内容やことばについて、他の人に質問したり自分で調べた
　りする。

選択したストラテジーがうまく使えたかを振り返り、効果の見られた方法と改善点を把握して、今後の学習目標や学習方法を検討します。

　リスニングなどの活動では、つい「内容が聞き取れたか」という結果だけを気にしてしまいがちです。しかし、自ら学習方法を改善していくために重要なのは「どのように聞いているか」というプロセスを意識することです。毎回の課題に取り組む際に各段階（課題を行う前・途中・後）で用いる学習ストラテジーを意識しながら進めるようにすると、徐々に自分で自分の学習をうまく管理できるようになるでしょう。ただ、最初から自分の学習プロセスを十分に理解し、完璧に管理する力がある人は少ないかもしれません。そのため教師には、意識的にこれらのステップを授業に取り入れることも求められます。例えば、効果的な学習ストラテジーについて具体例を示しながらアドバイスすることもできるでしょう。また、学習計画や自己評価に使えるワークシートを配布し、定期的に回収してチェックするなどの方法もあります。このような方法を通して一人ひとりの学習の進め方やつまずきを把握することは、自律的な学習に向けたサポートにつながると考えられます。

6. まとめ

　本章の冒頭で、SLA 研究には(1)L2 習得の一般的なプロセスを明らかにする研究と、(2)L2 習得の個別性を明らかにする研究との二つがあると述べました。(1)に関する研究からは、言語の習得プロセスをふまえた効果的な学び方（教え方）について示唆を得ることができます。そして(2)の研究からは、L2 使用者の個人差に配慮することの重要性を知ることができます。

　ただ実際に教室で教師が教えるときには、学校の教育方針やシラバス、教材との兼ねあいもあるため、一人ひとりに違う教え方をすることは難しいでしょう。そのため、基本的には(1)の研究から得られた知見を基に一般的に効果があるといわれている方法を取り入れた上で、(2)の研究を参考に、教え方や課題にバリエーションを持たせることで個人差に対処することが求められます。そのためには、学習者の個人差にどのようなものがあるのか、個人差に対処するにはどのような方法があるのか、という指導上の引き出しをできるだけ多く

持っておく必要があります。また、個人差というのは学習者だけの話ではありません。教師にもさまざまな個人差があります。例えば、学習者や教師が言語学習や教え方について抱いている信念を**ビリーフ**（beliefs）と呼びますが、教師が持つビリーフは実際の指導や学習者に対する態度などに影響を与えています。ビリーフは教師によっても、教師と学習者の間でも違いが見られるため、教室は学習者と教師の個人差が衝突したり、互いに影響し合ったりする場であるともいえます。

　個人差について知ることは教師だけでなく学習者にとっても役立ちます。言語学習は教室での学びを終えたあとも続いていくものです。将来にわたって自律的に学習を進められるようになるためには、目的（動機づけ）を明確にした上で、自分の強みや弱みを知り（言語適性）、自分に合った学習方法を選べるようになる（学習ストラテジー）ことが重要です。

もっと知りたい人へ

○『日本語教育に役立つ心理学入門』小林明子・福田倫子・向山陽子・鈴木伸子
（2018／くろしお出版）
○『第二言語習得の普遍性と個別性 —学習メカニズム・個人差から教授法へ—』
小柳かおる・向山陽子（2018／くろしお出版）

もっと深めよう：「学習者×教師」の個人差

　教室にはさまざまな個人差を持つ学習者がいます。けれど一人ひとり違うのは、学習者だけではありません。教師にも個人差があり、指導年数、過去の外国語学習経験、教員養成課程の受講経験、目標言語が L1 かどうかなどの違いが、指導に対する考え方や態度、実際の授業方法に影響を与えています。

　学習者と教師が持つさまざまな個人差は、ときに教え方（学び方）に対する考え方の違いを生み、授業に対する不満や対立の原因となることもあります。例えば、教室にゲームや歌を取り入れて楽しく活動をすることが大切だと考える教師と、問題集をじっくり解きたいと考える学習者が組み合わさったクラスでは、学習者は不満を抱えてしまう可能性があります。一方の教師も、学生の反応から手応えを感じることができず、悩むことになるかもしれません（加えて両者の考えが一致していても、カリキュラムや時間的な制約などで特定の指導方法を採用できない場合もあります）。

　教室は、学習者と教師の個人差（と学習環境）が交錯する場です。なぜか授業がうまくいっていないと感じるとき、「あの学生（あるいは、あの先生）はこうだから」、と相手のせいにするのではなく、「学習者×教師」という風に複眼的な視点でとらえることができると、授業改善のための新たな視点が得られるのではないでしょうか。

　教師にとって学習者の目的や学習方法を知ることは、授業の進め方を見直すきっかけになる可能性があります。また学習者にとっても、授業活動の背後にある教師の考え（なぜその活動を授業に導入するか）を知ることは、これまでの学び方を振り返り、新しい学習方法を取り入れる機会になるかもしれません。

第**6**章 SLAの環境と特徴

この章のポイント！

L2の習得には、学習環境の違いが影響するというのは、多くの人が漠然と感じていることではないでしょうか。この章では、日本社会における学習環境について、より具体的に考えていきます。まず、学習環境の中で、自然環境と教室環境について取り上げ、どのようなインプットやアウトプットの機会があるのかという点から比較します。さらに、留学など教室環境と自然環境の両方の機会を持つ混合環境に着目し、その特徴について概観します。その上で、L2習得には教室での指導効果はあるのか、インターネットが普及している現在、教室でどのようなことができるのかについて考えます。

☑ **キーワード**
自然環境、教室環境、混合環境、留学、明示的知識、暗示的知識
インターフェースの立場、ノン・インターフェースの立場、

1. 自然環境と教室環境におけるインプットとアウトプット

L2習得の環境としてよく比較されるものに、日常生活の中で目標言語に触れながら学ぶ**自然環境**（naturalistic contexts）と学校などで学ぶ**教室環境**（instructed contexts）があります。ここでは、この二つの環境について考えてみましょう。筆者は秋田に住んで8年目になりますが、秋田に来たばかりの頃、スポーツジムで一緒になったフィリピン人女性と話をする機会がありました。彼女と日本人数人でおしゃべりに花を咲かせていると、日本人と結婚して秋田に住んで15年というその女性は「遅ぐなるとばっちゃにごしゃがられる」（帰宅が遅くなるとおばあちゃん（義母）に叱られる）といそいそと帰り支度を始めました。周りが笑っている中、関西出身の私には何と言っているのか全くわからず、思わず「ごしゃがられるって？」と聞き返したことがあります。

私よりもはるかに長く秋田で暮らしている彼女が、夫や姑との家庭や地域社会での言語生活を通し、そこで使われている秋田弁の語彙やアクセントをしっかりと彼女の日本語の中に根づかせているということを強く感じた出来事でした。

　このフィリピン人女性は、家庭や地域での生活を通して日本語を学んできた自然習得の一例だといえますが、自然環境と教室環境の区別は、簡単そうに見えて、実はなかなか難しい問題です（→第1章参照）。この女性も、地域のボランティア日本語教室に通っていたそうで、厳密にいえば教室環境で日本語を学んでいた経験もあります。また、教室環境についても、JSL（Japanese as a Second Language；第二言語としての日本語）とJFL（Japanese as a Foreign Language；外国語としての日本語）の環境の違いにより大きく教室環境としてひとくくりにできないことが指摘されます。JSLの場合、教室の中で学んだ語彙や文型をすぐに教室の外の実生活の中で使うことができたり、逆に教室の外で遭遇した疑問を教室の中で確認したりすることができるのに対し、JFLの場合では必ずしも教室内での学習を教室外での言語使用につなげられるとは限らないからです。こういった問題点はあるものの、自然環境と教室環境では大きく異なる点があるのも事実です。では、自然環境と教室環境では、どのような違いが見られるのでしょうか。ここでは特にL2習得に与える影響が大きいと考えられているインプットとアウトプットという点から考えてみましょう（→第4章参照）。以下の表は、自然環境と教室環境の違いを簡単にまとめたものです。

表1　自然環境と教室環境の違い

		自然環境	教室環境
インプット	量	・非常に多い	・限定的
	質	・多種多様（TVや電車のアナウンス、近所の人との立ち話、店員との会話など） ・発話調整がされない場合が多い ・方言などのバリエーションがある	・学習項目に関連のあるものが多い ・言語能力に合わせ、簡単な文で話すなど発話調整がされる場合が多い ・標準語が多い
アウトプット	正確さ	・正確さよりも意味が伝わることを重視	・意識される
	NTLの訂正	・あまり訂正されない	・教師から訂正される

　自然環境では、日本人と結婚した人や、就労目的で来日して工場などで仕事をしている人など、生活や仕事の中で日常的に日本語のインプットに触れながら日本語を学んでいきます。インプットには、テレビドラマや電車のアナウンス、近所の人との立ち話、子どもが通う学校からのお便りなどさまざまな場面や話題があります。「まもなく2番線に電車がまいります。危ないですから白線の内側までお下がりください」という駅ホームでの案内、「太枠のところに連絡先書いといて」といったような職場での上司からの指示などがその一例です。これらの例の中には、「まいります」や「お下がりください」という敬語表現、「書いておく」ではなく、「書いとく」という縮約形が使われていることに気づいた人もいるのではないでしょうか。

　自然環境でのインプットに含まれる語彙や文型は特にL2日本語使用者を想定したものではないものが一般的であり、使用される文脈も具体的なものから抽象的なものまで多岐にわたります。住んでいる地域で使われている方言や、自分が働く会社で使われている略語など、生活に密着した具体的な文脈の中でインプットに触れることもあれば、哲学や経済などの学術的な内容のものもあるでしょう。例えば、食卓に置かれた醤油のビンを指しながら「醤油とって」と言われたら、視覚的に確認できる物やジェスチャーなどの言語以外の情報により発話の内容を理解することができるかもしれませんが、ラジオから「国産大豆の不作が醤油価格に影響する」といったニュースが聞こえてきた場合は、醤油について話されているということすら理解できない場合もあるかもしれません。また、自然環境では、生活上日本語を使う必要性が高い場合が多く、身振り手振りを用いたり、実物を示したりしながら、何とか意思疎通を図ろうとすることが多いため、アウトプットをする際には、正確さよりも意味が伝わることが優先される傾向にあります。

　一方、教室環境では、教師はL2日本語使用者のレベルに合わせた教材を準備し、語彙や文型をわかりやすいようシンプルにした**ティーチャートーク**とも呼ばれる話し方を用いて説明することが多いです。例えば、前述した「太枠のところに連絡先書いといて」という旨を教師が初級のL2日本語使用者に伝え

たい場合、実際に書類を見せながら「ここに、名前と住所と電話番号を書いてください」といった発話調整がされるかもしれません。「連絡先」ということばをより具体的な「名前と住所と電話番号」としたり、「書いといて」という縮約形を避け、「書いてください」という初級のL2日本語使用者でもわかる文型を使って言い換えたりします。また、ゆっくりはっきりと話す、実物を見せるなどの工夫がされることもあります。ティーチャートークでは方言が用いられることはまれであり、標準語が使用されることが一般的です。その日の授業で新しく習う文型や語彙は特に焦点化され、それらを使えるようになるために、簡単で単純なものから難しいものへ徐々に難易度を上げていくよう練習が意識的に組まれています。L2日本語使用者のアウトプットの中にNTL（目標言語で使われる形式とは異なるもの）があった場合は、教師によって間違いを指摘されたり、他の言い方を提示されるなど、正確さについてのフィードバックを受ける機会が多いです。

　こういったインプットやアウトプットの違いがL2の習得にどのような影響を与えるのでしょうか。冒頭の例で示したフィリピン人女性は、秋田在住15年ということもあり、問題なく会話に参加しており、筆者のような移住者だけではなく、秋田生まれの若者ですらなかなか使用しない方言にも対応できていました。この女性の発話例からは、この女性の家庭では、「おばあちゃん」ではなく「ばっちゃ」という語彙が使われており、日々の生活で耳にする語彙を生活の中で習得していったことがうかがえます。周囲の人が話す方言も重要なインプットとなっていることを示しているといえるでしょう。

　一方で、この女性は、漢字に振り仮名が書かれていない新聞などは一人では読めないとのことでした。地域のボランティア日本語教室には、この女性のように、長らく日本に住み、身の回りの生活に関連のあることについて聞いたり話したりすることはあまり問題はないものの、読むことや書くことはなかなか生活の中では上達しないということで教室に来る人も少なくありません。結婚移住女性の日本語力に関する調査や研究などでは、限られた語彙や表現の使用、活用などのルールの単純化やNTLの化石化（一般的なものとは異なる使い方が定着していること）、指示詞が何を指しているのかが不明瞭であることなどが会話の中で観察されています（冨谷・内海・斎藤 2009；森 2011；小田

2017)。外国人就労者を対象にした研究では、発話に動詞の脱落、名詞の羅列といった、特徴的な形式が見られることや、実際に実物を指し示しながらやりとりができる場面では問題なく日本語でできるものの、文脈を共有しない相手との会話や抽象度の高い会話ではうまく情報伝達ができない場合もあることなど、自然環境における習得の限界を指摘しているものもあります（ナカミズ1998：菊岡・神吉 2010）。こういった自然習得者の L2 運用について、小田（2017）は、自然習得者がコミュニケーションを行う場合には、聞き手に内容をどう伝えるか、いかに理解してもらえるかといった概念処理が言語形式の処理に比べ優先されており、言語形式を簡略化したり、かたまり（chunk）を使用したりするのは形式処理の負担を減らし、概念処理をしやすくした形でコミュニケーションをとる方法を身につけた結果であるとしています。

　教室環境における L2 習得については、教室での指導により、言語形式が意識化されるということが特徴だといえます。先の例で示した、「ばっちゃ」や「ごしゃがられる」のように、使用頻度の高いものや目立ちやすい語彙の場合は自然環境であっても、生活の中で得られるインプットを頼りに習得が可能ですが、あまり頻度が高くないもの、気づかれにくいものについては、インプットの中で見過ごされてしまうこともあります。例えば、会話で使用される「わかんない」「たんない」という表現について、どちらも、「わからない→わかんない」「たらない→たんない」というように語中の「ら」が「ん」に変化している形式であるものの、日常会話で使用されることの多い「わかんない」に比べ、「たんない」の習得はより困難であり、「たらんない」といった NTL があることを指摘している研究もあります（Toda 2007）。こういった形式上のルールは、教室の中で明示的に指導されないと、なかなか L2 使用者には伝わりにくいかもしれません。一方で、形式や規則性を重視するあまり、教室活動が機械的な文法練習にかたよってしまうと、習った文型を過剰に使用した不自然な文を作ってしまう傾向があるといわれています。言語形式を意識させる場合であっても、意味や機能についても重視する必要があることが指摘されています（Long 1991）。

課題 1

ワークシートに示した会話は、<u>教室環境における日本語学習の経験がまったくない</u>ガーナ人男性が病院に行き、日本人医師と話している実際の会話を文字化したものです。ガーナ人男性と日本人医師とのやりとりについて、以下の①②を周りの人やグループで話し合ってみましょう。

①自然習得の L2 日本語の特徴だと思われるところは、どのようなものがあるでしょうか。

②どのような言語リソース(日本語、英語など)や非言語リソース(ジェスチャーなど)を活用してコミュニケーションをとっているでしょうか。

➡ワークシートは「超基礎 SLA website」よりダウンロード

2. 留学という環境

　第 1 節では、自然環境と教室環境の違いを概観しました。しかしながら、前出のフィリピン人女性の例も含め、実際には自然環境と教室環境の両方を併せた**混合環境**で習得する場合が多いです。その一例が**留学**です。例えば、日本に留学して JSL 環境で日本語を学ぶ場合、日本の大学や日本語学校などで学ぶ教室環境と、教室の外で、アルバイトやホームステイ先でのやりとり、友だちや恋人との交流などを通じて学ぶ自然環境の双方を同時に活用することとなります。それまで、JFL 環境で主に教室の中だけで日本語を学んでいた学習者にとっては、留学することにより、これまでと比べて受けるインプットの量や質、日本語を使用する機会が大幅に拡大し、それが日本語の上達にも影響するのではないかというのは、何となく想像できるのではないかと思います。まずは、留学について、少し自分自身の考えを整理してみましょう。

 課題2

　　　以下の質問で、留学についての自分の考えを答えてください。答え終わっ
　　たらグループで共有し、どうしてそう思うのか話し合ってください。
　　（全く同意せず　1・2・3・4・5　強く同意）

　・留学すれば、自然に目標言語を使う機会に恵まれる。（1・2・3・4・5）
　・留学すれば、目標言語のすべての面における能力が高まる。
　　　　　　　　　　　　　　　　　　　　　　　　　　（1・2・3・4・5）
　・留学しなくても、目標言語の運用能力は向上できる。（1・2・3・4・5）
　・留学で目標言語の運用力を高めるためには、その言語を話す友だちや恋人
　　を作ることが有効だ。　　　　　　　　　　　　　　（1・2・3・4・5）

　では、実際には留学の前後で、どのような変化があるのでしょうか。留学の
前後でのL2使用の変化を調べた研究では、流暢さが改善されるということは
よくいわれています。第1章の課題4(→ p.18)を思い出してください。ある留
学生の10ヶ月後の変化が観察できたかと思います。留学におけるL2日本語
習得を対象にした研究では、留学前には、ほぼ文末が「〜です」「〜ます」で
終わるデスマス体での会話だったのが、留学後には、デスマス体とくだけた言
い方が状況や自分を相手にどのように見せたいかによって変化するようになっ
ていたり、「〜ね」「〜よね」といった終助詞がインターアクションの中で使用
されるようになっていることが報告されています（Iwasaki 2008/2010 など）。
筆者がアメリカで日本語を教えていたとき、日本留学を終えた学生と1年ぶ
りに会って話すと、「むかつく」「めんどくさい」といった表現を使用すること
に気がつきました。ほかにも、筆者が発言しているときには、時折うなずいた
り、適当なタイミングであいづちを入れたりと、以前には見られなかった変化
を感じたものです。同様のことは日本人学生にも見られます。アメリカに留学
中の日本人学生が、いつの間にか「What's up」というスラングを使うように
なっているケースなどはその一例です。「むかつく」「めんどくさい」「What's
up」といった表現は、大学生や親しい者同士での会話ではよく使われるものの、
教科書ではあまり扱われることはありません。この「むかつく」「めんどくさ

い」を好んで使うようになった学生は、日本人の友だちがよく会話で「むかつく」ということばを使うことに気づき、友人たちに意味を尋ねたそうです。一度意味がわかると、友だちが「むかつく」を使用するたびに、そのことばに注目するようになり、自分でも使うようになったと話していました。留学先での友人たちとのやりとりが、インプットとして実際の使用を観察したり、自分のアウトプットを試してみたりする場となり、生の会話が言語学習に活用された例だといえるでしょう。一方で、留学によるL2習得は個人差があり、留学先でできた人間関係が言語使用の機会に影響を与えていることも指摘されています（Hasegawa 2019）。

3. 教室環境における文法指導の効果

　これまで見てきたように、SLA研究では、自然環境、教室環境、混合環境といった学習環境の違いが習得に影響するという研究成果がある一方で、いわゆる文法項目については、学習環境やL2使用者のL1に関わらず、一定の順序で習得されるものがあるということを主張する研究成果もあります。初期の研究で最も有名なものはL2英語使用者の文法習得です。L2英語使用者のL1に関わらず、eatingなどの進行形（-ing）やbe動詞などは習得が早く、she eatsなどの三人称単数現在の-sなどは習得が遅いという一定の順序が観察されました。スティーヴン・クラッシェン（Stephen Krashen）（1985）は、こういった研究結果から、L2習得過程には普遍的な順序があるという仮説、**自然順序仮説**（natural order hypothesis）を主張しています。また、クラッシェンは、子どものL1習得の過程と同様に自然なコミュニケーションの中で言語を学ぶことを「習得」と呼び、教室で文法形式などを意識的に学ぶことは「学習」と呼んで区別をし、「学習」で身につけた知識はスムーズな言語使用には役に立たないという仮説、**習得―学習仮説**（acquisition-learning distinction）を論じたほか、「学習」で身につけた知識は自分の発話が正しいかどうかをモニターする役割しか持たないとする仮説、**モニター仮説**（monitor hypothesis）と習得には理解可能なインプットが必要だとする仮説、**インプット仮説**（input hypothesis）（→第4章参照）、インプットを取り込みやすくするには心理的な障壁が低い方がいいとする仮説、**情**

意フィルター仮説（affective filter hypothesis）という五つの仮説を提唱しています。

　クラッシェンが主張した「学習」で身につけた知識は**明示的知識**（explicit knowledge）と呼ばれることもあり、自然なインプットを基にした「習得」で身につけた**暗示的知識**（implicit knowledge）と区別されています。例えば、なぜ「寝る」は「寝て」になるのに、「遊ぶ」は「遊んで」になるのかを考えてみてください。L1 日本語使用者は毎日の生活の中で親や周囲の人からインプットを受け、暗示的知識として習得してきたため、使い分けの根拠が説明できないという人が多いのではないでしょうか。一方で、L2 日本語使用者は明示的知識として日本語の教科書などで「寝て」、「遊んで」といった「て形」のルールを体系的に学んでいる人も多く、ルールを説明できる場合も少なくありません。こういった「学習」における明示的知識と「習得」における暗示的知識の間にはつながりがなく、学習で得た知識は自然な習得の役に立たないとするクラッシェンの考え方は、**ノン・インターフェースの立場**と呼ばれています。一方で、学習で得た知識であっても、自然な習得につながるという**インターフェースの立場**をとる研究者もおり、研究者の間で意見が分かれています。実際のところ、教室での意識的な学習に効果はあるのでしょうか。

　これまでの研究成果を簡潔にまとめると、意識的に学習された知識は、自然環境のインプットからの習得に何らかの形で影響を与えており、教室での文法指導の効果を否定するものではないという見方が主流となっています。また、日常生活の中で、多くのインプットに触れるという自然環境で言語を学んできた学習者と比べ、教室指導の場合は習得の速度が速く、より高い習得のレベルに到達するともいわれています。その一方で、文法項目の習得順序については教室で教えた文法項目が教えた順番の通りに習得されるわけではなく、早く教えてもなかなか習得できない項目もあること、また、習得には段階があり、L2 使用者の段階に合わない文法項目を教えても、なかなか習得が進まないということもわかってきています。

課題3

　皆さんが、これまで外国語(L2)を学んできた中で、意識的な「学習」で得た明示的知識と、自然なインプットを基にした「習得」で得た暗示的知識にはどのようなものがありましたか。日本語(または自分のL1)の場合はどうでしょうか。自分の経験を周りの人やグループで共有してみましょう。

ヒント

　L1の場合、多くは自然に習得した暗示的知識であることが多いです。「窓が開く」「窓を開ける」といった自動詞・他動詞は、L1日本語使用者であれば無意識に使い分けていますが、L2日本語使用者にとっては、「開く」は自動詞だから助詞は「が」を使う、といったように明示的知識を意識しながら使っています。

4. 教師の役割とこれからの学習環境

　教室環境での学習を最大限にL2習得に活かすためには、言語教師は何ができるのでしょうか。教室活動の具体例については、第10章と第11章で詳しく触れますが、ここでは、本章で見てきた自然環境との違いから、教室環境の利点の活かし方を考えてみたいと思います。まず一つ目に、言語形式の意識化が挙げられます。教室環境の特徴としては、自然環境と違ってL2使用者のNTLに対し、フィードバックを受ける機会があります(→第1節参照)。コミュニケーションや意味の伝達を重視した自然環境下における言語活動では、文法の正確さが身につきにくいという問題があるのに対し、教室環境では、フィードバックを始め、教師からの働きかけにより、L2使用者の注意を言語形式に向けさせ、自分のNTLに気づかせることが可能となります。コミュニケーションや意味・機能の理解を重視している授業の中で、指導の必要があるときに、タイミングを見てL2使用者の注意を言語形式に向けさせることにより、自然環境では見落とされてしまうことの多い言語形式(例えば英語の三人称単数現在の -s など、意味伝達に影響を与えないもの)などを意識化させることが可能になります。

　二つ目は、授業におけるインプットの重視です。教室環境では、自然環境と比べ、与えられるインプットがどうしても限られてしまうという弱点があります。しかし、一方で、授業で導入した文法や語彙など、L2 使用者に意識させたい項目のインプットをそのレベルに合わせて準備することが可能であるという強みもあります。インプットのコントロールができるという特性を活かし、L2 使用者が話したり書いたりするアウトプット活動に入る前に、しっかりとインプットを理解する時間を確保するなど段階的な授業活動の設計ができるでしょう。

　最後に、学習環境の変化への教師の対応について触れます。インターネット環境が当たり前となった今日では、JFL 教室環境で学ぶ L2 日本語使用者であっても、インターネットを活用し、ニュースやアニメなど、生の日本語に簡単に触れることが可能となりました。SNS やビデオ会議システムの普及により、教室という空間を超え、教室の外の人とも日本語での交流が容易にできるようになり、自然環境、教室環境といった区別はますます境界がなくなりつつあります。こういった環境の変化により、これまではインプットを受ける機会は教室内に限られていると考えられていた JFL 教室環境の場合であっても、インターネットやメディアなどさまざまな機会を活用し、自然環境に近い状態で日本語を学んでいる人たちも少しずつ増えてきています。先に挙げた言語形式の意識化やインプットの重視というのは、教師が教室内における言語学習のリソースとしての役割を担う上で重要なことです。しかし、インターネット上に言語学習のリソースが溢れ、スマートフォンのアプリなどさまざまな学習ツールが開発されている現在では、環境の変化に合わせた重要な役割があります。それは、L2 使用者が、教室外で得られるリソースを積極的に活用し、自律した L2 使用者となるよう教師が学びの過程を支えるということです。人々の移動やテクノロジーの発達により、さまざまな言語文化背景を持つ人々とインターアクションの場を持つようになった現在、複雑化する社会に対応する力を養うために、言語教育がどのように貢献できるのかを考えて教室活動をデザインし、L2 使用者の学びにつなげていくことがこれからの教師には求められているといえるでしょう。

　その方向性の一つが、複言語・複文化教育のアプローチです。皆さんは、英

語やその他の言語を勉強した経験があるかと思います。英語は何とか話せるけれど、フランス語はサバイバル会話のみ、などと、言語によって習得レベルが違うという人も多いのではないかと思います。このアプローチでは、自分が持つ言語に関する知識や経験はすべて相互に関係し合い、コミュニケーション能力の基盤を築くものであるとし、たとえその言語の運用能力のレベルが低くても、コミュニケーションを支えるリソースのレパートリーの一つとして肯定的にとらえます。これまで言語教育は、日本語を学ぶ人は日本語、フランス語を学ぶ人はフランス語、というように単一言語のみが使用される場面をモデルに行われてきました。しかしながらグローバル化に伴い、多様化が進む中では、複数の言語をレパートリーとして積極的に用いながらコミュニケーション能力を伸ばす機会を提供することも、これからの言語教育では重要となるでしょう。

　また、2020年1月に日本国内で初の新型コロナウイルスの感染者が確認され、その後感染が拡大するに伴い、2020年度の春には多くの教育機関が感染防止のために対面授業をやめ、インターネットを利用したオンライン授業に切り替えました。入国制限により、日本に来られなかった学生と、すでに日本に入国済の学生が同じ授業を履修するという現象も生まれ、オンライン授業の教室では、JSLとJFLという区別ですら、意味をなさなくなったところもありました。その結果、対面授業、オンライン授業、対面で授業を受ける人とオンラインで授業を受ける人が一つのクラスに混在するハイフレックス型授業など、さまざまな授業形態が生まれています。こういった授業形態の多様化により、従来の対面授業と同じようには授業ができなくなりました。例えば、従来の日本語教室でよく行われていたリピート練習は、オンライン授業の場合、タイムラグが発生するため、難しくなりました。一方で、オンライン授業だからこそしやすくなった活動もあります。ビデオ会議システムの一つであるzoomのブレイクアウト機能を利用すると、オンラインミーティング上にいる学生を複数のグループに分けることが可能となります。この機能を使えば、学生をペアや少人数のグループ、もしくは一人ひとりに分け、教師が各グループを個別に訪問することができます。人前で発音指導を受けることが苦手な学生の場合など、個別に発音練習を行い、巡回してきた教師に個別にフィードバックを受けることができるという利点もあります。このように、教室環境といっても様々な形

態があり、それぞれの特性を理解することが必要です。

 **課題4**

SNSやチャット、ビデオ会議システムやインターネット動画などオンラインのツールを使って、英語や外国語(L2)を学んだ経験はありますか。言語学習のために、こういったリソースをどのように活用できると思いますか。周りの人やグループで話し合ってみましょう。

5. まとめ

　本章では、L2習得の学習環境について、自然環境、教室環境、混合環境(留学)に注目しながら考えてきました。しかしながら、インターネットやSNSなどの普及により、従来とらえられていた学習環境の違いは、より複雑なものとなってきています。また、それぞれのL2使用者によっても学ぶ環境や使用するツールに差があり、より個別化・多様化が進んでいるといえるでしょう。これからの言語教育では、個人の志向や利用できるリソース、環境の特性を活かした学びのプロセスを考えていくことが重要となるでしょう。

もっと知りたい人へ

○ 『日本語を教えるための第二言語習得論入門』大関浩美 (2010／くろしお出版)
○ 『第二言語習得について日本語教師が知っておくべきこと』小柳かおる (2020／くろしお出版)
○ 『多様化する言語習得環境とこれからの日本語教育』坂本正・小柳かおる・長友和彦・畑佐由紀子・村上京子・森山新 (編) (2008／スリーエーネットワーク)
○ 『改訂版 日本語教育に生かす第二言語習得研究』迫田久美子 (2020／アルク)

コラム 06

留学したらペラペラになる？

　日本学生支援機構 (2020) の調査によれば、2018 年に研究や教育を目的に海外に留学した日本人学生は約 11 万 5 千人、日本に留学に来た留学生は約 37 万人もいるそうです。留学についての話題になると、日本人学生、留学生を問わず、よく「留学したらペラペラになりますか？」「1 ヶ月でどれぐらい話せるようになりますか？」といった質問を受けます。そんなとき、私が決まって聞き返すのは「ペラペラって、どんな状態？　今は？」ということです。「ペラペラ」ということばは響きも良く、何となく理想化されたイメージができてしまっているようです。でも、自分がどのようになりたいのか、留学先で何を身につけたいのかは人によって違うので、まずは自分が目指したいゴールは何かを具体的に考えるように伝えています。とはいえ、かくいう筆者も、目標や計画の具体的イメージを持つ大切さはわかっていても、新しいダイエット食品やエステの宣伝を見かけるたびに、つい、1 ヶ月で何キロ痩せるかという安易な情報を探してしまう万年ダイエッターですが…。

　ちなみに、筆者の大学の学生の中には、アメリカに 1 年留学したら、寮のルームメートの韓国人ととても仲良くなって韓国語にはまり、韓国語が「ペラペラ」になって留学を終えた学生もいます。留学生の中には、日本語と英語を組み合わせて仲間内で使う新語を作る才能に目覚めた学生もいます。例えば、「つかれた」＋「tired」を組み合わせた「tsukaretired」、「だいじょうぶ」よりもさらに問題がないことを意味する「だいじょうぶ s」などは秀作でした。留学先で、新たな出会いを通して自分の興味・関心が変わるのもまた、留学の醍醐味でしょう。

第**7**章 社会とつながるSLA研究

この章のポイント！

第6章では、自然環境か教室環境かという視点からL2習得の学習環境を考えました。この章では、学習環境の意味を広げ、多様な言語文化背景を持っている人たちが、日本で暮らしていくために必要となる環境整備という視点から見ていきます。まず、多言語・多文化化する日本における言語サービスや日本語学習支援の現状や課題について概観します。そして、外国人と呼ばれる人たち、日本国籍を持っていても日本語力の限られている人たちを「日本語学習者」という立場に固定化するのではなく、ともに社会を作るメンバーである「L2日本語使用者」としてとらえ直し、よりよい社会を作るためには、マジョリティ（多数派）、マイノリティ（少数派）双方にとって、どのような方策が必要なのかを考えます。

□ **キーワード**
在留外国人、多文化共生、言語権、ネイティブ信仰、マジョリティ、マイノリティ、

1. 多言語・多文化化する日本と言語サービス

　総務省統計局「人口統計」によれば、2021年3月1日現在、日本における15歳未満の人口は全体の11.9％で過去最低、その一方で65歳以上の老年人口は28.9％で過去最高となっています。日本の少子高齢化が進み、人口減少が続く中、国内の労働力不足や国際結婚、留学等による国際移動などにより、**在留外国人**の数は近年大きく増加しました。「在留外国人」というのは、法務省の「在留外国人統計」の中で用いられている用語です。日本における「外国人」というのは、出入国管理及び難民認定法の中では「日本の国籍を有しない者」として定義されており、「外国人」には同法によって定められた「在留資格」（日本に滞在するための許可）が必要となります。「在留外国人」とは、同法上の在留資格を持ち、三か月以上日本に滞在する「中長期在留者及び特別永住者」のことを指します。本書では、第1章及び本章冒頭のポイントでも述

べたように「L2 日本語使用者」ということばを用いて多様な言語文化背景を持つ人々をとらえ直しますが、本章では統計や行政の報告書の説明時など、便宜上、「外国人」「在留外国人」「外国人住民」「日本語学習者」といった用語を使用する場合もあります。新型コロナウイルスの影響で、国際移動は一時的に停滞が続いているものの(2021 年現在)、コロナ前の 2019 年 4 月には**特定技能**という新たな在留資格も創設されました。特定技能というのは、介護や建設業など、人手不足が深刻な 14 の業種(産業分野)で一定の専門知識や技能を持った即戦力となる外国人を受け入れるためのものです。拡大する外国人労働者の受け入れなどを背景に、2019 年末には在留外国人数は 293 万人を超え、総人口の 2%を占めるまでとなり、出身国や地域の数は 195 にも上っています。コロナによる入国制限等の影響により、2020 年末には前年に比べ約 4 万人ほど減少したものの、入国制限の緩和後は、再び在留外国人数が増加することが見込まれます(法務省「在留外国人統計」)。そのほかにも、日本国内ではアイヌ民族や終戦後に特別永住資格を得た、いわゆる在日韓国・朝鮮人など多様な民族が生活しており、多言語・多文化化が進んでいます。さまざまな言語文化背景を持った人たちの言語文化やアイデンティティの多様性を尊重しながらともに生きる「多文化共生」は、多くの自治体で実現を目指す目標として掲げられている一方、実際にはあいまいな部分も多く、「多文化共生」とは何なのか、どうやったら実現できるのか、課題が多いのも事実です。

　多様な言語文化背景を持つ人たちとの「共生」を考えるときに、役に立つ考え方として**言語権**というものがあります。言語権とは、言語的人権とも言われ、**言語的マイノリティ**の人たちが社会の中で安心して暮らしていくために保障されるべき言語の権利のことを指すことが多いです。木村(2011)は、言語権には以下の二つの側面があると述べています。

(1) 自らが帰属意識を持つ集団の言語を習得・使用する権利
(2) 当該地域や国で広く使われる言語を学習・使用する権利

　これらを日本国内に住んでいる在留外国人に当てはめて考えてみると、(1)は自分の L1 を学んだり使用したりすることができ、それを周囲からも尊重さ

れる権利、(2)は学校や職場で必要となる日本語を学ぶ機会が保障されている権利といえるでしょう。

　国内で生活をしている日本語をL1としない人たちの言語権や言語支援を考える際、(1)の一例として、自治体による「多言語情報サービス」が思い浮かんだ人も多いでしょう。外国人住民の増加を背景に、2006年に総務省が出した「地域における多文化共生プラン」では、外国人住民へのコミュニケーション支援の一環として地域における多言語化の必要性が各自治体に伝えられました。それをきっかけに徐々にではありますが、整備が各地で進み、現在では自治体やNPOなどの支援団体のホームページなどで、生活情報を中心に多言語による情報提供がなされているところも少なくありません。また、東日本大震災で外国人住民に十分に情報が行き渡らなかった経験や、インバウンドの観光客の増加やオリンピックの誘致を背景に、多言語による情報提供の整備が一層加速しました。

　しかしながら、言語によって格差が生じている現実もあります。法務省「在留外国人統計」に掲載されている「在留外国人総数上位100自治体」で第一位(2020年12月現在)となっている埼玉県川口市を例に見てみましょう。川口市には調査時に39,300人の在留外国人がいます。川口市のホームページを見てみると、ホームページの閲覧のために利用できる自動翻訳サービスは、英語、中国語、韓国語、タガログ語、トルコ語に限られています。しかしながら、川口市の在留外国人の出身国・地域の中で、中国に次いで2番目に多いベトナム語はホームページではカバーされていません。つまり、ベトナム語話者の場合、自分のL1で情報提供を受けることができず、提供されている言語の中から情報を得る必要があります。これは、通訳など口頭での情報提供の場合も同様です。医療通訳の活動をしている方から聞いた話ですが、英語通訳の場合、マイナー言語の話者への対応依頼も少なくないそうで、英語が堪能ではない外国人に対する英語での通訳の難しさに悩むことも多々あるそうです。

　このように、言語によって情報提供に差がある一方で、多言語情報サービスを提供している自治体であれば、英語は必ず含まれています。しかし、前述の「在留外国人統計」を見てみると、2020年12月現在、国内の在留外国人の出身国・地域は多い順に中国、ベトナム、韓国となっており、この上位三つだけ

で全体の約57%を占めていますが、これらの国はいずれも英語圏ではありません。4位から10位までは、フィリピン、ブラジル、ネパール、インドネシア、台湾、アメリカ、タイと続きますが、このうち、英語圏、もしくは英語を公用語としているのはフィリピン、アメリカのみで、決して英語が国内在住の外国人が使用している主流な言語であるというわけではありません。それにも関わらず、英語は圧倒的な強さを見せています。しかし、英語での情報提供があったからといって、十分ではない場合があること、英語圏以外の出身者の場合など、その人のL1によって得られる情報には差があることは認識しておく必要があります。

　最近では、特に生活情報など、暮らしに密接に関わるものについては、対応言語も少しずつ増えてきています。日本における出入国管理を行う出入国在留管理庁のホームページを見てみると、以前は日本語以外の情報提供は、英語、中国語、韓国語、ポルトガル語、スペイン語の5言語に限られていましたが、2021年には最大14言語(英語、簡体中国語、繁体中国語、韓国語、インドネシア語、タイ語、モンゴル語、フィリピン語、ポルトガル語、スペイン語、ベトナム語、ミャンマー語、ネパール語、クメール語)に対応した多言語ホームページを公開しています。自治体や企業の中には、地域にいる多言語話者を対面通訳として活用するだけではなく、翻訳機やオンラインでの遠隔通訳などを導入しているところもあります。また、わかりやすく確実に情報提供をするために、シンプルな文構造や簡単な単語を用いた**やさしい日本語**での情報提供も進んでいます。「土足厳禁」を「くつをぬいでください」に、「一刻も早く避難を完了してください」を「今すぐにげてください」に、言い換えたりするのはやさしい日本語の一例です。L2日本語使用者に対し、どのような点を工夫すればわかりやすく情報を伝えられるのか、L1日本語使用者に意識させるワークショップも各地で盛んに行われるようになってきています。こういったさまざまなリソース(相手のL1や英語、やさしい日本語、そのほか自分が知っている言語知識や使えるツールなど)すべてを活用し、何とかして伝えあおうとする姿勢が求められています。

　皆さんの住んでいる地域での在留外国人の状況①～④について、インターネットなどで調べ、グループで話し合いましょう。

①どのような国籍で、どういった在留資格を持っている方が住んでいるでしょうか。
②自治体は外国人住民に対して、どのような言語サービスや日本語学習支援を提供しているでしょうか。
③多言語で情報提供がされている場合、どういった言語がありますか。どのような情報が提供されていますか。
④外国人住民が増えることにより、どういった課題が出てきていますか。

ヒント

　① 法務省「在留外国人統計」を使って調べてみましょう。
　② 自分の住んでいる地域に、国際交流協会や外国人相談窓口、地域の日本語教室がないか検索してみましょう。市役所などのホームページに外国人住民用のページが設定されていることもあります。

2. 日本語習得の落とし穴

　次に、第1節で述べた言語権の(2)の例として、国内での日本語習得について考えてみたいと思います。これまで、L2の習得には、インプットやアウトプットを含むインターアクションが重要となるということについて見てきました(→第4章、第6章参照)。言い換えると、こういった他者とのインターアクションを基軸に置くSLA理論では、言語学習や言語使用の機会があるということが、L2の習得の前提となっています。しかしながら、国内の外国人住民の中には、その機会がないという人たちも少なくありません。

　まず、言語学習の機会について見てみましょう。文化庁の報告書(「令和2年度国内の日本語教育の概要」)では、国内の日本語学習者数は2020年11月現在で約16万人となっています。在留外国人が2020年末時点で290万人近いことを考えると、日本語を日本語学校や地域の日本語教室などの機関で学ん

でいる人は在留外国人の一部であることがわかります。この16万人以外の在留外国人には、日本に長く住み日本語には不自由しないという人もいるでしょうし、インターネットや教科書などを活用して、自分で勉強している人もいるでしょう。しかしながら、日本語学習の機会が十分に確保されていない外国人住民も少なくありません。

　広島市が2020年2月にまとめた調査（「広島市日本語教育実態調査 結果報告書」）では、アンケートに回答した満18歳以上の広島市の外国人住民のうち、約半数が現在日本語を学習していないと答えています。現在日本語を学んでいない理由については、仕事や育児による時間的余裕のなさ、金銭的な余裕のなさ、日本語教室の時間や場所が不便であることなどが挙げられており、学びたくても学べない状況にいる人たちの存在がうかがわれます。広島市に限らず、日本語教室は、どうしても外国人の多い都市部に偏在しがちであり、通いたくても近くに教室がないといった地理的制約を受けることは少なくありません。また、日本語力の限られる外国人住民の中には、工場でのライン生産など、日本語を使う必要がない仕事に従事している人や、夜勤やシフトなどの仕事の都合により、日本語教室に通えないといった人たちもいます。その結果、日本語学習の機会を得られず、日本語を必要としない環境という限定的な場での生活を続けざるを得ないという状況になっていることもあります。

　次に、日々の生活における日本語の使用機会と人間関係の構築という点から日本語習得を考えてみます。SLA理論では、第二言語習得というのは、理解可能となったインプットが既有知識と結びつき、再統合され、アウトプットを行うという考え方に代表されるように、基本的に頭の中で情報を処理したり新しい語彙や文法知識を蓄積したりする認知活動としてとらえられることが多いです。しかしながら、実際には、自分がどのようなコミュニティの中にいて、これからその中でどのような関係を築いていきたいのか、L2日本語使用者の社会参加や自己実現、アイデンティティが大きく関わる非常に社会的な活動であるという視点からL2の習得をとらえる研究者もいます。つまり、この社会的視点から見た場合、L2の習得とはあるコミュニティに参加をし、そのコミュニティの中で使われているスキルや知識などを実践を通して学んでいきながら、より中心的なメンバーとしてコミュニティに参加していくようになる過程だと

とらえられています。こういったとらえ方をする学習論には、**言語社会化**（language socialization）（Watson-Gegeo 2004; Duff & Talmy 2011）や、**状況学習論**（situated learning）（Lave & Wenger 1991; Wenger 1998）といったものがあります。

　例として、コンビニでアルバイトをする留学生について考えてみましょう。アルバイトを始めたばかりの頃は、何をしていいのかわからず、先輩の横に立ってレジでの袋詰めをするだけで、発言といえば「いらっしゃいませ」と「ありがとうございました」といった基本的な挨拶のみだったのが、徐々に自分でレジを打ち、お金のやりとりをし、宅配便の応対や品出しといった業務ができるようになり、それに応じてそこで使われる会話のやりとりも学んでいきます。その結果、見習いから、独り立ちし、さらには後輩の指導係へとより中心的なスタッフとしてコンビニの営業に関わっていくようになり、この仕事で担う役割の変化が使用言語にも影響を与えていきます。このように言語を使いながらアルバイト先での実践を積み重ねていくことで、活動の範囲を広げていくプロセスを学びの過程としてとらえます。

　しかし、外国人住民の中には、なかなか日本語を使用するコミュニティに属することが難しいという人たちもいます。その理由に、日本語力が壁となっている場合も少なくありません。コミュニティに参加することで日本語を使用しながら学んでいくことが期待される中、日本語ができないということにより、コミュニティに入っていきにくいという現象が起こってしまうのです。ある外国人親子は、子どもを連れて公園に遊びに行っても、ほかの親が自分たちの子どもを遊ばせている輪の中に交じることができず、児童館のサービスや子育て支援などの情報を長らく知らずに過ごしていたそうです。外国人住民が多く住んでいる地域では、外国人住民を中心としたエスニック・コミュニティ（人種や民族ごとに形成する集団）があり、日本語ができなくても、情報を共有したり仲間を見つけたりすることが可能かもしれません。しかしながら、外国人の数が少ない散在地域では、日本語を使用するコミュニティにもエスニック・コミュニティにもなかなか属せず、孤立化してしまうケースもあります。技能実

習や特定技能といった在留資格で就労している外国人も増えていますが、同じ職場で働く外国人実習生同士のつながりはあるものの、実習生以外の人間関係の構築や地域社会とのつながりは限定的である人たちも少なくありません。また、外国人住民の中には、派遣や日雇いなどの非正規雇用のため不安定で、社会保険や雇用保険に未加入であるというケースもしばしば耳にします。実際に、リーマン・ショックやコロナ禍では、多くの外国人就労者が仕事を失っています。こういった不安定な生活を脱するために、最近は介護など、より安定した職に就く目的で日本語を学び、自分自身のキャリアの選択の幅を広げようとしている人たちも増えてきています。

　このように、コミュニティに参加していくという視点からL2日本語の習得を考えてみると、習得には本人たちの努力はもとより、日本語学習機会の確保やネットワーキングの場の設定など、受け入れ社会側の環境整備が非常に重要であることに気づきます。L2の習得がうまく進まない場合、本人の能力のなさや努力の欠如という個人的な要因に安易に結びつけて考えるのではなく、学習機会の有無や社会参加の場の設計の仕方といった、社会的な要因も考慮に入れる必要があります。

課題2

　　皆さんは同じ学校に通う留学生（留学生の場合は、日本人学生）や同じ職場で働く外国人（日本人）、あるいは近所に住んでいる外国人（日本人）と交流がありますか。交流があるという人は、どういったきっかけで交流を持つようになりましたか。交流がないという人は、どういった機会や場があると、交流が促進されると思いますか。周りの人やグループで話し合ってみましょう。また留学経験がある人は、留学先でどのような人間関係があったか、自分の体験を共有してください。

3. L1日本語使用者とL2日本語使用者という関係性

　日本で多様な言語文化背景を持つ人たちと共生していくための環境整備を考えるとき、真っ先に思い浮かぶのは、支援をする日本人と支援をされる外国人

という構図ではないでしょうか。また、日本人は日本語のL1使用者であり、外国人は日本語のL2使用者であるため、日本人は日本語を教える人、外国人は日本語を学習する人、という見方もあるかと思います。この背景には、L2を学ぶには**ネイティブ・スピーカー**から学ぶのが一番であるという**ネイティブ信仰**と呼ばれる考え方があります。

　従来、SLA研究の分野では、ネイティブ・スピーカーは、その言語の正当な使い手であり熟達者であるとみなされ、その言語をL1としない**ノンネイティブ・スピーカー**はその言語の「学習者」として位置づけられてきました。そして、L2日本語使用者の言語データはしばしばL1日本語使用者のデータと比較されることが多くあります。第3章で概観したSLA研究における中間言語という考え方をとっても、中間言語はL1と目標とするL2の間に位置するもので、ネイティブ・スピーカーの話す言語に近づいていく過程とされており、中間言語はあくまでその通過点であるという見方をしています。つまり、L2の習得とは、L2日本語使用者がL1日本語使用者の言語能力に到達することであるととらえられてきたのです。

　しかしながら、近年、こういったネイティブ・スピーカーを目標とするSLA観や研究アプローチに対し、さまざまな視点から異議が唱えられています。その一つが、L2使用における文法や語彙といった言語形式の習得を重視する危険性についてです。近年はL2使用者のコーパスを活用した研究も増えてきています(→第1章参照)。しかしながら、コーパスのように一定量のL2使用者の産出データを用いてL2使用者独自の使用傾向を見ることを目的とした研究であっても、形式面の「正確さ」に着目し、L2使用者のことばをL1使用者の傾向と比較するというアプローチをとる場合、両者の違いがL2使用者のNTL(目標言語で使われる形式とは異なるもの)としてとらえられることがよくあります(→第3章参照)。ところが、実際には、L2使用者はL1使用者とは異なるストラテジーを用いてやりとりをしていることも多く、形式面にのみ注目していると、L2使用者の実際のことばの習得過程の興味深い一面を見落としてしまう可能性があります。産出されたことばの形式面だけではなく、何が伝えたかったのか、何が達成したかったのかという機能面におけるタスクの達成度から、習得を考えることも重要です。

また、アイデンティティの限定的なとらえ方に対する指摘もあります。ノンネイティブ・スピーカーというのは、ある一人のL2日本語使用者の数あるアイデンティティの一つに過ぎず、例えば、その人の中には「L1ベトナム語使用者」「大学生」「コンビニ店員」といった、ほかのアイデンティティも共存しているはずです。私たちの実生活では、こういったさまざまなアイデンティティが、場面に応じて前面に出てきます。90年代以降、固定化されたアイデンティティに対し、より流動的なものとしてとらえようとする動きがあります。L2使用者のアイデンティティやインターアクションの能力が、会話相手とのやりとりの中でどのように構築されるのか、実際の会話を詳細に分析していくアプローチが会話分析の研究者を中心に広がっています（Firth & Wagner 1997, 2007; Mori 2007）。こういった研究では、接触場面におけるインターアクションの分析に見られる「L1使用者」「L2使用者」「教師」「学習者」といったアイデンティティのカテゴリーは、最初から個人に与えられているものではなく、相手とのやりとりの中で、位置づけられていくものとしてとらえます。例えば、日本語クラスの「学習者」であっても、アニメやスポーツなど、トピックによっては、「教師」よりも「学習者」のほうが詳しいということはよくあります。そういった場面では、やりとりの中で、「学習者」は説明などを通して知識を「教師」に示そうとするでしょう。この説明というアクションの中では、「学習者」というアイデンティティではなく、「アニメやスポーツに詳しい人」という見方もできます。また、やりとりの中で、L2日本語使用者の発話にNTLがあったとしても、会話の相手がアニメやスポーツの内容を知ることに注意が向いている場合は、そのNTLには意識が向けられません。実際、職場場面などでの会話では、L2使用者のNTLよりも、目の前の仕事上のやりとりの達成が優先され、そこでは「店員」と「客」というアイデンティティが前面に出ていることを示している研究や、L1使用者の基準では一見おかしいと思われるやりとりであっても、L2使用者同士では問題なく相互理解が達成されており、当事者の間では全く問題視されていないことを示す研究などもあります（Firth & Wagner 2007; Wong 2000）。
　しかし、本田・岩田・義永・渡部 (2014) の分析によると、日本語教育における「学習者」に関する研究は言語学習のメカニズムを情報処理モデルに基づ

き分析しているものや、集団間の比較を行うものが多く、依然としてL2使用者を「ノンネイティブ・スピーカー」として没個性化した集団の中に位置づけ、言語形式としての知識を獲得するプロセスとして見ている傾向が根強いことが指摘されます。もちろん、そういった研究も重要ですが、全人的にL2使用者を見る視点もこれからは必要となるでしょう（→詳しくは第15章参照）。

課題3

　外国語（L2）学習について、以下のアンケートに答えてください。答え終わったら、自分の答えをグループで共有し、どうしてそう思うのか話し合ってみましょう。（全く同意せず　1・2・3・4・5　強く同意）

• 外国語はネイティブ・スピーカーから学びたい。　　　（1・2・3・4・5）
• 英語のALT（外国語指導助手）は、マレーシアやシンガポール、フィリピンからも来てほしい。　　　（1・2・3・4・5）
• 日本人（／〇〇人）なら、誰でも日本語（／〇〇語）を教えられる。

　　　　　　　　　　　　　　　　　　　　　　　　　　（1・2・3・4・5）

4. まとめ

　在留外国人が増加する中、2019年6月には「日本語教育の推進に関する法律」が施行され、今後は国や自治体、外国人材の受け入れ企業などにより日本語教育環境の整備が進んでいくことが期待されています。これまで日本語教室がなかった地域に新たに教室を立ち上げたり、自治体に配置されたコーディネーターが地域の日本語教室の運営へのアドバイスを行ったりといった具体的な取り組みも進められています。このように、法の下で日本語教育の「場」を整備して提供するということ、場がうまく機能しているのかを継続的に評価して改善していくことは、日本語教育の基盤作りとして非常に重要なことだといえます。現状では、時間的・物理的制約や、情報へのアクセスが限られていることなどにより、参加できない人たちも少なくありません。しかし、2020年の新型コロナウイルスの影響下により、オンライン上で、時間的・物理的な壁を越える「場」を作れる可能性も少しずつ現実的になってきており、今後さら

なる広がりが期待されます。また、場作りだけではなく、自分自身の言語使用を振り返る機会や、情報を伝えるための工夫やヒント、異なる言語や文化を尊重する姿勢を学ぶ機会など、共に支え合うための方策を考えることも重要となるでしょう。

　グローバル化する社会の中では、日本語はもはや「ネイティブ・スピーカー」だけのものではなく、L2 日本語使用者同士が日本語をリンガフランカ（共通語）として使用する場合も多々あります。話す相手や場面に応じ、多言語を混ぜたり内輪のメンバーだけが理解できる語彙を用いたりしながら、自分が持っている言語リソースの一つとして、創造的に日本語が使われています。多言語・多文化化する社会の中では、唯一絶対の「正しい日本語」を学ぶことが目標ではなく、場をともにする参加者の多様性に対応できるコミュニケーション能力を身につけることもこれからの社会では必要なスキルです。そして、これは**マイノリティ**である L2 日本語使用者だけではなく、**マジョリティ**である L1 日本語使用者にも求められるスキルだといえます。

もっと知りたい人へ

○ 『リンガフランカとしての日本語 －多言語・多文化共生のために日本語教育を再考する－』青山玲二郎・明石智子・李楚成（2020／明石書店）

○ 『「共生」の内実 －批判的社会言語学からの問いかけ－』植田晃次・山下仁（編著）（2011／三元社）

○ 『多言語社会日本 －その現状と課題－』多言語化現象研究会（編）（2013／三元社）

コラム 07

多言語表示の落とし穴

　皆さんは、「言語景観」ということばを聞いたことがありますか。町や公共施設、店などで見られる看板や表示、ポスターやチラシなどの言語表示のことです。これまでは書かれているものが主でしたが、最近ではこういった場所で流れる音声なども含まれるようになってきました。外国人の増加に伴い、日本語だけではなく多言語による表示も目にする機会が増えました。

　筆者が、留学生と一緒に外に出かけ、町の中の言語表示を観察したときのことです。ある留学生は、某雑貨チェーン店の店内表示のうち、外国語が使われているのは、店内のポスターに書かれた「Big Sale」や「Happy Spring」などの「英語」だけであることを指摘しました。おそらく、英語で表記したポスターはお店の雰囲気作りが目的で、外国人に対しての情報提供を意識したものでないと思われます。

　また、別の留学生は、バス停の名前がバス会社や路線によってバラバラであり、わかりにくいことに気がつきました。例えば、「駅前通り」が「ekimae dori」「ekimae street」「station road」など、同じバス停を指すのに数種類の表示があり、利用客をかえって混乱させてしまっています。

　また、多言語表示により、別のメッセージを発してしまう危険性もあります。例えば、ある学生は、市役所内で唯一見つけた多言語掲示物が、住民票の自動交付機の横に貼られている「監視カメラ作動中　Security Camera in Operation」のみだったことに気づき、外国人は悪い奴だと思われているのではと少し悲しい気持ちになったと話していました。

　皆さんも、こういった落とし穴がないか、自分の町の言語景観に目を向けてみてください。

105

第**8**章 CLD児の言語習得

> ## この章のポイント！
>
> 現代は世界規模での人の移動や交流がますます盛んになってきています。この流れの中で、子どものときから複数の言語や文化の中で育つ人たちが増えています。この章では、このような文化的言語的に多様な子ども（CLD児）の言語習得について取り上げます。CLD児たちの言語習得はどのようになされるのか、成人の場合と何が違うのか、どのような点に着目する必要があるのかといった点について、SLA研究やバイリンガル教育分野の研究をふまえた上で、具体的事例を取り上げて考えます。
>
> ☑ **キーワード**
> CLD児、臨界期仮説、BICS（生活言語能力）、CALP（学習言語能力）、母語、二言語相互依存説、トランスランゲージング、継承語

1. 文化的言語的に多様な子ども（CLD児）とは

　皆さんは、**文化的言語的に多様な子ども**と聞いて、どういう子どもをイメージしますか。これは移民の多い北米などで使われる Culturally and Linguistically Diverse Children（カミンズ2011）の訳で、頭文字をとって CLD児 と呼ばれます。家庭の中で使用される言語と、その国の社会や学校で使われている言語が違っていて、生まれたときから複数の言語や文化に触れて育つケースや、成長の途中で国を超えて移住することで、接する言語や文化が変わるケースなどがあります。

課題 1

① 次のケースは CLD児 のケースといえるでしょうか。理由も合わせて考えましょう。

みさえさん（仮名）：
大阪在住で公立小学校の1年生。幼稚園の年中のときから、週1回1時間、イギリス人の先生が開いている児童英会話スクールに通って

いる。両親は日本人で英語がほとんど話せない。家庭では、児童英会話スクールの宿題として、時々英語学習の DVD を見たり、ワークブックをやったりしている。
② 生まれてすぐや成長の途中で複数の言語と文化に触れて育つ CLD 児のケースとしてどんな例があるでしょうか。具体例を挙げてみましょう。

日本では、CLD 児について言及する際、「外国人児童生徒」や「外国籍の子ども」、「外国にルーツを持つ子ども」、「言語的マイノリティ（少数派）の子ども」、第二言語としての日本語を学んでいる「JSL 児童生徒」などさまざまな呼び名で呼ばれます。日本語力が十分ではない CLD 児に注目して、「日本語指導が必要な児童生徒」と取り上げることもあります。これらの用語は日本国籍を持っているかどうかを問題としたり、CLD 児の日本語習得が途上であることを課題とした用語です。一方で、CLD 児という呼び名は、日本ではまだあまり馴染みがないものの、子どもが持つ複数の言語と文化背景を多様なものとして、肯定的かつ中立的にとらえようとする用語です。呼び名は、明示的にも暗示的にも関わる人々の意識に影響を与え、ひいては子ども自身の自己意識の形成にも影響するので非常に重要です。本書では、プラスの意味を込めて、この「CLD 児」という用語を使います。

2. CLD 児の L2 習得と年齢との関係

まず、成人との比較の中で CLD 児の言語習得について考えていきます。本書で CLD 児と呼ぶ子どもの年齢ですが、中島（2016）のバイリンガル児の**言語形成期**の考え方にしたがって、0 歳から 15 歳までとします。

課題2

成人の L2 習得と CLD 児の L2 習得では何が違うでしょうか。①年齢との関係、②習得の目的、③ CLD 児の持つ複数言語（母語と第二言語）との関係の三つの面から考え、周りの人やグループで話し合ってみましょう。

まず、年齢との関係です。言語習得には適した（敏感な）時期があり、その時期を過ぎると習得が難しくなるというエリック・レネバーグ（Eric Lenneberg）の臨界期仮説（critical period hypothesis）があります。これについてはさまざまな議論がありますが、発音やリスニングなどの音韻能力については、6歳から12歳ぐらいまでを過ぎるとL1使用者のような習得が難しくなり、年齢の低い子どもの方が年齢の高いL2使用者よりも有利であるといわれています。

　一方で、言語発達だけでなく認知発達にもつながる文法や語彙の知識は、年齢が高い方が習得が早く進むことが報告されています。習得の方法についても成人への指導方法が子どもにそのまま活用できるわけではないことが指摘されており、特に抽象的概念の操作が十分でない就学前の幼児や小学校低学年児は、物や絵、物語、ビデオなどの具体的な素材を使って体験させることで学習が促進されるとされています。

3. CLD児のL2習得の目的と言語能力のとらえ方

　次に、習得の目的といった点から考えてみましょう。日本語をL2として学ぶCLD児は、学校の中で、日本語と日本文化を背景に持つ日本語モノリンガルの子どもたちと一緒に勉強しなければなりません。学校教育のカリキュラムは、一般的に日本語モノリンガルの子どもの発達をふまえ、日本社会が求める「日本人」としての教育を目指した学習指導要領に沿って作られたものです。つまり、CLD児の発達と教育に適しているとは必ずしもいえないのです。このような場である学校の中で生きぬいていくことが求められるCLD児の言語能力をとらえるには、成人のL2習得とは違った角度からの言語能力のとらえ方が必要となります。

　ジム・カミンズ（Jim Cummins）は、CLD児のL2習得を固定的な力としてではなく、教育により育成できる力としてとらえ、次の二つに分類しました。日常会話の流暢さを意味する伝達言語能力（Basic Interpersonal Communicative Skills：BICS）（以下、BICS）と、教科学習に必要な概念や考えを、話しことばと書きことばの両方で理解し、表現する力を指す認知学習言語能力（Cognitive Academic Language Proficiency：CALP）（以下、CALP）です。日本では、BICS

は**生活言語能力**、CALP は**学習言語能力**という用語で紹介されていることが多いです。一般的に BICS は習得に 1〜2 年、CALP は 5〜7 年、場合によってはそれ以上かかるとされています。これらの概念はのちに、**会話の流暢度**（Conversational Fluency：CF）と、音韻意識やフォニックス（英語のアルファベットの音と文字との関係についての認識とそれを読み取る力）、単語を形成する力（大文字や句読点に関する規則、スペリング、文法）などの個別に分割したスキルを表す**弁別的言語スキル**（Discrete Language Skills：DLS）、そして、**教科学習言語能力**（Academic Language Proficiency：ALP）の三つに分類し直されました（カミンズ 2001）。ただ、世界的には BICS と CALP の分類の方が浸透していて、今も多くの国の教育現場で、CLD 児の L2 の理解や、指導・評価に広く応用されています。

BICS と CALP で重要なのは、習得にかかる時間と方法の違いです。L2 の環境に入った CLD 児は、学校生活を通して BICS を習得し、比較的早い段階から日常会話などにおいて自然なやりとりができるようになります。教師や養育者、周囲にいる人々はその様子を見て、子どもの L2 習得の早さに驚きつつも、L2 がモノリンガルの子どもと同じくらいできるようになったと思いがちです。その結果、適切な支援がなされないまま、その後の長い期間にわたって教科学習で困難を抱えることになるのです。

例えば、経済協力開発機構（OECD）が 3 年に 1 度、15 歳の生徒を対象に実施している**生徒の学習到達度調査**（Programme for International Student Assessment：PISA）では、複数言語教育が十分に行われていない国では 1 世、2 世の移民の子どもの成績が現地の子どもの成績よりも、統計的に低い結果となっています（OECD 2007）。日本でも、中国ルーツの日本生まれ CLD 児と同じ学校区の日本語モノリンガルの子どもの**読書力**を調査した研究（櫻井 2018）で、中国ルーツの日本生まれ CLD 児の方が、学年相応の読書力を獲得できている割合が圧倒的に低いことがわかりました。教育現場では、このような結果に現れている CLD 児の状況だけを見て、教科学習ができないのは、その子どもの学力や認知面の問題であるとか、性格のせいにされてしまうことも少なくありません。

カミンズはこの点を問題視し、CLD 児が教科学習でモノリンガルの子ど

に追いつけないのは、L2 の CALP 面の言語能力の課題であるとして、教育者の注意を引くためにこの概念を提唱しました。子どもが悪いのではなく、CALP の習得にそれだけ時間がかかるので、学力に差が出るのは必然だというわけです。

このような問題意識から分類されている BICS と CALP は、それらを構成する要素がはっきり示されたわけではないため、批判もあります。ただ一方で、CALP については、モノリンガルの子どもも語彙や概念、読み書き能力が伸びる時期であることから、そもそも固定的なとらえ方ができないという見方もあります。要素ははっきり示されていないかもしれませんが、重要なのは、CALP が表面的な言語的知識のことだけをいうのではなく、概念的知識の習得や言語の使用を通して発達する認知的な力を含むということです。そして、CALP を伸ばすためには、CLD 児が持つ複数言語の力をリソースとして活用しつつ、内容面の理解や思考を促す必要があるということです(→第 9 章参照)。

4. CLD 児にとっての母語とは

成人の L2 習得との違いといった点から、もう一つ押さえておかなければならないのは、CLD 児が持つ複数の言語能力の関係性です。言語形成期を過ぎた成人の場合も、L1 から L2 への**転移**は話題に上りますが(→第 2 章参照)、どちらの(どの)言語も習得の途上にある CLD 児の場合は、その関係性により注意を払う必要があります。そして、CLD 児の言語習得について話題にする場合は、L1 より**母語**という用語が用いられる方が一般的です。その言語が L2 に先行して、確立されているわけではなく、どちらも習得途上にあるからです。

生まれたときや幼少期から複数言語に触れて育つ CLD 児の場合、そもそもどの言語が母語なのか決めること自体が難しくなってきます。トーヴェ・スクットナブ・カンガス(Tove Skutnabb-Kangas 1981)は、母語を、1)**起源**(origin；最初に習得した言語)、2)**能力**(competence；最も熟知している言語)、3)**機能**(function；最も頻繁に使用する言語)、4)**内的／外的アイデンティティ方向づけ**(internal/external identification；自分自身も他者からも母語であるとみなされる言語)の 4 点から定義づけ、このうちのいずれかが当てはまれば母語

といえるとしました。

課題1の②で皆さんが考えたCLD児のケースでは、どの言語がこの母語の四つの定義に当てはまりますか。周りの人やグループで話し合ってみましょう。

　生まれたときから日本語の中だけで生活している日本語モノリンガルの人にとっては、この四つにずれが生じたり、成長の過程で変わったりということの実感がわかないかもしれません。ですが世界的に見れば、この四つの定義に当てはまる言語が流動的なのは一般的なことであり、二つ以上の母語を持つ人のほうが多いともいわれています。また上に述べた通り、例えば、日本で生まれて0〜1歳ぐらいで日本の保育園に通い始める中国ルーツのCLD児の場合などは、最初に出会った言語(起源としての母語)は養育者の使う言語(つまり中国語)であったとしても、早くに日本語のほうが優勢(能力・機能としての母語)となり、学校に通い始める頃には家庭内の言語の中国語は聞いてわかるだけ、という程度になることも珍しくありません。このような場合、養育者の使う言語(家庭内の言語)を、CLD児にとっての**継承語**(heritage language)(中島2016)と呼ぶこともあります。このように、CLD児の複数言語の習得には、その言語への接触の量や質、周囲の環境や態度が大きく関わってきます。主に、学校で使用される「学校言語」と地域や国家レベルの言語政策で取り上げられる「社会言語」、家庭内の「家庭言語」のバランスが影響するといわれています。近年では特に、言語習得における"family"の及ぼす影響の重要性に着目し、家庭内での言語使用や言語選択、個人や家庭と社会集団との相互関係をとらえようとする**ファミリー・ランゲージ・ポリシー**(Family Language Policy：FLP)の研究が進められています。

5. CLD児の母語とL2の関係

　次に、母語とL2の関係を見ていきましょう。複数言語環境で育つことはそ

の子ども自身にとってプラスでしょうか、マイナスでしょうか。結果として二つの言語が使えるようになることをマイナスだととらえる人はいないかもしれませんが、成長の過程を複数言語環境で過ごすことについてはどうでしょうか。

課題4

複数言語環境で育つことは子どもにとってプラスでしょうか、マイナスでしょうか。特に、日本にいる CLD 児のケースではどうでしょうか。理由も合わせて考えましょう。

19 世紀の初めから 1960 年代にかけては、二つの言語が使えること自体が思考に有害であるという考え方が優勢でした。しかし、60 年代以降、カナダの**イマージョン教育プログラム**(学校の教育課程で二つの言語を使って教える)などで二言語を習得したバイリンガルの子どもの方がモノリンガルの子どもよりも認知的に優れているという研究結果も複数報告されるようになりました。両言語が高度に発達して認知的にプラスの影響がある場合を**バランス・バイリンガル**(balanced bilingual)、どちらの言語も年齢相応レベルに達しておらず、認知的にマイナスの影響がある状況を**ダブル・リミテッド**(double-limited)と呼ぶこともあります。バイリンガルと一口にいっても、環境や個人的要因により二つの言語の習得度合いはさまざまで、さらに、その言語の習得度合いによって、個人の認知面に与える影響もさまざまです。

前述したように、日本生まれや幼少期に来日した CLD 児の家庭で、仮に養育者の仕事が忙しく親子でのコミュニケーションが十分にとれない、つまり、家庭での母語の接触の量と質が十分でない場合、母語が十分に育ちません。一方で、日本語も保育園や幼稚園で触れるだけなので、日本語モノリンガルの子どもほどに伸びないのも当たり前です。では、どうすれば良いのでしょうか。L2 の環境で必死に生活している中で、養育者に「家庭でも日本語を話してください」「お母さん、お父さんも日本人のように日本語ができるように勉強してください」とお願いするのは、現実的なアドバイスとはいえないでしょう。

複数言語環境で育つ CLD 児の二つの言語能力は、別々に存在するのではなく、相互に影響し合っているとされています。次の図に示すように、例えば音

声や表記法、文法など、表面に現れた二つの言語は異なっていたとしても、CLD児の頭の中で共有している部分があるというものです。これは、**二言語相互依存説**（カミンズ 1984）と呼ばれています。

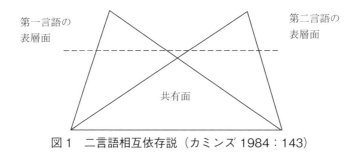

図1　二言語相互依存説（カミンズ 1984：143）

　この説が提唱されてから現在まで、多くの研究で二言語間の**転移**（→第2章参照）が実証されていて、類型論的に異なった言語間においても、小学生から高校生までさまざまな年齢層で相関関係が認められています。重要なのは、この説が、成人のL2習得で話題となる言語の形態上の転移だけを扱っているのではなく、概念的要素の転移（例えば、地球温暖化などの概念）まで含んでいる点です。アメリカの五つの州で実施されたトーマス & コリアの調査（Thomas & Collier 2002）では、延べ21万データを使用してさまざまな教育プログラムの効果が検証されましたが、通常学級でL2（英語）だけで授業を受けている子どもたちの中退率が、ほかのプログラムに比べて最も高かったとのことです。また、**バイリンガル教育**（二つの言語で教科を学習するイマージョン教育プログラムなど）を受けた子どもたちの方が、一つの言語だけで教育を受けた子どもたちよりも4年から7年後にはすべての教科において到達度が高くなったという結果も出ています。日本ではすぐにバイリンガル教育を行うことは難しいかもしれませんが、例えば、家庭で母語の力を伸ばすことは、L2である日本語や教科の学習にプラスになるといえるということです。

課題5

　ワークシートに示した四つの発話データは、二人の小学6年生、児童A（日本生まれ、ペルーにルーツ、3、4年生のときに1年半母国に滞在）と、児童B（9歳で来日、アルゼンチンにルーツ）が、「環境問題」について日本語とスペイン語で発話したデータの一部です（櫻井（2018）の調査データを一部改変）。

DLA「環境問題」カード

　児童Aと児童Bの二言語での発話データを比較しながら、特徴について話し合ってください。

→ワークシートは「超基礎SLA website」よりダウンロード

ヒント

　(1) BICS と CALP、(2) 日本語とスペイン語の二言語の関係に着目しながら考えてみましょう。
　※ DLA（外国人児童生徒のための JSL 対話型アセスメント DLA）については「コラム 08」、「第 9 章」を参照

6. まとめ

　近年は、複数言語環境で育つ CLD 児の言語は、母語や L2 といった、独立した別々のものとしてとらえられるものではない、混ざり合ったもっとダイナミックなものとする考え方、**トランスランゲージング**（García 2009）という概念も出てきました。複数言語使用者がその人自身が持つすべての言語レパートリーを場に応じて柔軟に使用することこそが、彼らの自然な言語使用をとらえ、促進させるといった考え方です。複数言語使用者には彼ら独自の言語システムがあるというのです。またこれは、**CEFR**（ヨーロッパ言語共通参照枠：Common European Framework of Reference for Languages）（→第 12 章参照）の掲げる複言語主義（plurilingualism）・複文化主義（pluriculturalism）とも通じるものがあります。CEFR の複言語・複文化主義の考え方では、個人の言語的・文化的能

力を、レベルはさまざまであってもその個人が複数の言語の知識や複数の文化の経験を持つことで、コミュニケーション及び文化的やりとりを行うための能力ととらえています（Council of Europe 2001）。ここで重要なのは、トランスランゲージングの概念でも、複言語・複文化主義の考え方でも、複数言語使用者の言語能力は、複雑でさまざまなレベルであったとしても全体で一つであり、それぞれの言語でモノリンガルの持つ言語能力を目標としてはいないということです。

筆者は、CLD 児への言語教育の目的は、L2 としての日本語習得ではなく、その子どもたちが**全人的な発達**を遂げることだと考えています（→第 9 章、15 章参照）。また、この立場から、CLD 児への教育に関する研究の目的も、彼らにとって、どんな教育環境が必要かということを追求することだと考えています。ですから、CLD 児一人ひとりの言語使用の実態をまず見つめて、そこから彼らにより適した教育環境を構築するために、CLD 児の持つ言語システムや言語習得の実態の解明が今後さらに必要となるでしょう。

もっと知りたい人へ

○『完全改訂版 バイリンガル教育の方法―12 歳までに親と教師ができること―』中島和子（2016／アルク）

○『学習言語とは何か―教科学習に必要な言語能力―』バトラー後藤裕子（2011／三省堂）

○『バイリンガル教育と第二言語習得』岡秀夫（訳編）コリン・ベーカー（1996／大修館書店）

第**8**章

CLD児の言語習得

コラム 08

二言語「を」評価する？　二言語「で」評価する？

　第 8 章の課題 5 では、二人の CLD 児の日本語とスペイン語の二つの言語での発話データを紹介しました。これは日本の小中学校に通う CLD 児の日本語能力を測定するために文部科学省によって 2014 年に開発された『外国人児童生徒のための JSL 対話型アセスメント DLA（Dialogic Language Assessment for Japanese as a Second Language）』のもととなった評価ツールのタスクの一部です。DLA は日本語能力の測定ツールとして開発されましたが、他の言語でも同じようにして、評価することが可能です。

　このタスクでは、日本語の語彙や文法の力だけでなく、「環境問題」や「地球温暖化」などの概念の知識があるか、因果関係を把握できるか、問題解決の提案ができるかなどの力をみています。二人とも日本語もスペイン語もとても流暢に話せますが、児童 B が自然破壊や地球の汚染について二言語で説明しているのに対して、児童 A は地球が困っている理由・原因がわからないようです。小学校 3 〜 4 年生で 1 年半ペルーに滞在していた時、また再来日時に、両国での学習に十分に参加できなかったことが影響してしまったようです。

　CLD 児の中には、児童 A のように言語の壁によって学習環境がしっかり保障されず、概念知識をどちらの言語でも獲得できていない子どもが少なからず存在します。言語能力の評価においては、二言語「で」みることによって、表面的な言語の「ラベル」ではなく、その子どもが本来持っている力をとらえようとすることが大切です。そして、その力を伸ばすために、どのような学習環境が必要なのかを考えていく必要があるのです。

第**9**章 CLD児への教育と支援

この章のポイント！

第8章では、CLD児の言語習得について、SLA研究、バイリンガル教育研究をふまえながら具体例を見てきました。この章では、その理論をベースにCLD児への教育・支援について考えてみます。CLD児への教育・支援を行うときには、どのようなことに気をつけなければならないのでしょうか。また、日本の学校教育現場では、実際にどのようなCLD児への教育・支援が行われているのでしょうか。日本のCLD児教育の現状と課題を概観した上で、具体的な教育・支援の実践例を見ていきます。

☑ **キーワード**
全人的な発達、JSLカリキュラム、JSL対話型アセスメントDLA、特別の教育課程、マルチ・リテラシーズ、取り出し授業、個別の指導計画、バイリンガル教育

1. 日本国内のCLD児を取り巻く現状と課題

　日本国内在住の**CLD児**（文化的言語的に多様な子ども）の中には、**インターナショナル・スクール**や**外国人学校**に通う子どももいますが、多くが日本の学校に通っています。文部科学省が実施している「学校基本調査」を見ると、日本の国・公・私立の小・中・高等学校などに在籍する**外国人児童生徒**の数は2018年には10万人を超え、年々増加しています。またこの数は外国籍の子どもの数ですから、**日本国籍**を取得していても養育者のL1が日本語ではなく、**家庭言語**（家族の間で多く使われる言語）も日本語ではない子どもや、国際結婚家庭の子ども、長期間の海外生活後に帰国した子どもなどは含まれていません。実際にはもっと多くのCLD児が日本の学校に通っていると考えられます。

117

課題 1

　文部科学省は２年に１回、「日本語指導が必要な児童生徒の受入れ状況等に関する調査」を実施しています。この資料を見て、日本の公立学校に通うCLD児の現状、課題、対策について、気がつくこと、疑問に思うことを挙げましょう。

　　　https://www.mext.go.jp/content/20200110_mxt-kyousei01-1421569_00001_02.pdf
　　　（※この資料は2019年度のものです。最新のものを参照してください。）

　2019年度の調査では、日本の公立学校に通っている「日本語指導が必要」とされるCLD児（外国籍、日本国籍含む）は、5万人以上となり、この10年間で1.5倍も増えています。また、子どもたちの国籍や背景もさまざまで、地域によって**集住・散在**といった違いも見られます。

　第8章でも触れましたが、日本の学校のカリキュラムは、日本文化を背景に持つ日本語モノリンガルの子どもの発達に合わせて作られています。ですから、日本文化に馴染みがうすかったり、日本語の習得の途上にいたりするCLD児は必然的に困難に遭遇してしまうことが多くなります。学校社会への適応や、学校の中で**マジョリティ（多数派）**である日本語モノリンガルの子どもとともに学習活動に参加するための日本語能力の獲得などです。また、学力の向上や進路保障、**母語・母文化**の保持や**アイデンティティ**の確立も重要な課題です。本来であれば、最初からCLD児のために作られたカリキュラムの中で学習できればいいのかもしれませんが、日本国内の学校に通う全児童生徒数から見ると、CLD児の割合は1％程度の**マイノリティ（少数派）**の存在であり、体制を一から作り直すのは難しい現実があります。よって、国や地方自治体、学校には、今ある教育システムの中で、多様な子どもたちの学びの機会がしっかり確保され、**全人的な発達**を支える教育ができるよう、受け入れの整備や配慮が求められています。

2. CLD児のための国の教育政策

日本国内の学校でCLD児が増加し始めた1990年代から、国はさまざまな

施策を実施してきました。当初は、日本の学校生活のルールを教えることを目的とした**適応指導**や生活に必要な日本語の語彙や文型を教える**日本語初期指導**のみに主眼が置かれていましたが、2000年代に入ると、日本語と教科の統合を目指した指導法である **JSL カリキュラム**が提案されるなど、徐々に整備されてきました。また、2011年に、情報検索サイト「かすたねっと」が開設され、『外国人児童生徒受入れの手引き』も作成されました。続いて2014年には、研修を計画する際の手引き書としての『外国人児童生徒教育研修マニュアル』、言語能力を測定する評価ツールである『**外国人児童生徒のための JSL 対話型アセスメント DLA**（Dialogic Language Assessment for Japanese as a Second Language）』（以下 DLA）も開発されました。

　これらの取り組みについては、2014年に学校教育法施行規則が一部改正され、小・中学校において日本語指導が必要な児童生徒を対象とした**特別の教育課程**の編成が可能となったことにより、全国の教育現場での普及が加速しています。特別の教育課程とは、日本語指導を必要とする児童生徒のための特別な指導を在籍学級以外の教室で行うこと（**取り出し授業**）を教育課程の一部として正式に認めたものです。それまで学校教育において、日本語指導が必要な児童生徒たちへの支援が公的な制度として定められていたわけでなかった現状を鑑みると、特別の教育課程の編成が省令で定められたことは、非常に大きな一歩であったといえるでしょう。

　さらに、2019年6月には「**日本語教育の推進に関する法律**」が公布・施行され、外国人児童生徒等への生活に必要な日本語及び教科指導等の充実、教員配置等の制度の整備、教員研修等の充実、修学支援等の施策、保護者への啓発活動等の文言が盛り込まれました。これを受け、現在、指導担当教員数の確保や教員研修も段階的に進められていっています。

　もう一つ、CLD 児教育に関してこの法律の特筆すべきことは、これらの日本語教育の推進が、子どもの家庭言語の重要性に配慮して行われる必要があるということも明記された点です。第8章で見てきたように、CLD 児の母語が社会や学校で使われる日本語ではなく、マイノリティ言語（少数派の言語）である場合、日本語を習得していく一方で、母語の喪失やそれに伴うさまざまな問題が生じることがあります。適応指導や日本語初期指導にのみ焦点があたって

いた当時は、これらの施策がCLD児の母語や母文化をはぎとってしまう**同化教育**になっているといった批判も聞かれました。社会の中での**言語的マイノリティ**の子どもに対して言語教育を行う際には、いつも、良かれと思ってしている教育や指導が、子どもがもともと持っていたものを奪うことにつながらないかと内省する姿勢を持っておくことが大切となるでしょう。そういった意味でも、この法律が、CLD児の文化的多様性を認めるのみならず、子どもの家庭言語（母語）の重要性にも一歩踏み込んで言及した点は画期的といえます。

3. 学校でのCLD児の受け入れ体制

　次に、受け入れる学校側、特にCLD児に直接接する教員や支援者には、どのような対応が求められ、それが実際に可能かを見ていきましょう。国レベルでCLD児の受け入れ体制の整備が進められているとはいえ、全国に浸透するには時間がかかりますし、現場でCLD児への教育・支援に携わる学校教員の多くは、このテーマについて学んできているわけではありません。教育現場の一人ひとりが、関心を持って知識を蓄えると同時に、学校は教育委員会や国際交流協会といった自治体の機関、NPOやボランティア団体、大学などの専門機関と連携しつつ、学校全体、社会全体で課題に取り組んでいく必要があります。こちらの「当たり前」がCLD児や養育者の「当たり前」ではない可能性があることを念頭において、彼らの状況に耳を傾ける姿勢が重要です。もし、仮に、皆さんがCLD児への教育・支援に直接携わる立場になったら何をすれば良いのでしょうか。課題2で考えてみましょう。

課題2

　ある日、パキスタンから来日したマリアムさん（仮名、10歳女児）があなたの勤める小学校に転入してくるという情報が入りました。マリアムさんは来日したばかりなので、日本語を全く話すことができません。パキスタンの公用語はウルドゥー語、宗教はイスラム教のようです。あなたはマリアムさんの日本語指導担当（もしくは担任）になりそうです。あなたは、何をすれば良いか考え、周りの人やグループで話し合いましょう。

子どもに日本語が全く通じない、こちらもその子どもの母語が全くわからないとなると、途方にくれてしまうかもしれません。最近は自動翻訳機が発達してきていますから、それに頼るのも一つの手ではありますが、それですべてが解決するわけではありません。むしろ、「あなたを受け入れている」というメッセージはことばが通じなくても伝わるものです。前述の通り、学校内外の連携できる人や組織すべてと連携して、全員が支援に携わる側としての当事者意識を持って子どもを受け入れることが大切です。学校内では、日本語と教科学習の指導や支援を計画を立てて行うことはもちろん（→第5節参照）、子どもが安心して学校生活を送れるよう居場所作りを心がけたり、養育者と密に連絡を取り、お互いの理解を深めていくことも重要な役割です。日本の学校生活上のルールをきちんと伝えることも大切ですが、子どもと養育者の状況にもしっかり耳を傾ける必要があります。宗教などの理由から従えない学校ルールがある場合には、配慮することも必要でしょう。クラスメートとの良い関係が作れるように、教員が働きかけることも重要です。以上のことは、日本語を教えることと直接関係がないように思えるかもしれませんが、CLD児の支援を始める上では欠かせません。安心して学校生活を送れる環境があって、初めて学習を開始することが可能となるからです。実は課題2のマリアムさんは実際に筆者が関わっていた学校に転入してきた子どものケースです。章末の「コラム09」にマリアムさんへのその後の対応を書きました。参考にしてみてください。

4. 教育・支援につなげるための CLD 児の状況把握

　さて、ここからは、肝心の日本語や教科学習の支援の方法について説明します。まずは、教育・支援を始めるにあたって真っ先に取り組むべき、CLD児の状況把握から見ていきましょう。

　適切な教育・支援を行うためには、CLD児の暦年齢や来日年齢、滞日期間に加え、性格や知識、能力といった個人的な要因、家庭・養育環境、学習環境要因など、これからの学習に関わってくる要因を多角的かつ総合的に把握することが大切です。その上で、子ども一人ひとりに適した**個別の指導計画**を立てます。次に挙げるのは、文部科学省 (2019) の『外国人児童生徒受入れの手引

改訂版』に掲載されている把握すべき事項です。

---

1. 来日年齢と滞日期間

2. 背景の言語文化（特に、漢字圏かどうかなど）

3. 発達段階（年齢）

4. 来日前の教科学習経験（国・地域によって学校のカリキュラムは異なる）

5. 基礎的学力（既習の教科内容についてどの程度理解力、知識があるのか）

6. 日本語の力（「外国人児童生徒のための JSL 対話型アセスメント DLA」
   等による測定）

7. 在籍している学級での学習参加の状況（一斉指導における理解の度合い、
   参加の様子は、取り出して 1 対 1 で指導している状況とは異なる）

8. 家庭の学習環境（家庭内の言語使用状況、保護者の言語能力、教科学習へ
   のサポートの可能性）

文部科学省（2019）『外国人児童生徒受入れの手引 改訂版』p.25 より引用

　なかでも、CLD 児の言語能力がどの程度あるかを把握するのは非常に重要です。文部科学省が 2014 年に開発した DLA は CLD 児の CF（会話の流暢度）、DLS（弁別的言語スキル）、ALP（教科学習言語能力）（→第 8 章参照）を、一対一の対話を通して測る支援つき評価法です。日常会話がある程度できるようになった小中学生段階の CLD 児を対象に、一番早く伸びる会話力を使って、紙筆テストでは測ることが難しい子どもの包括的な言語能力を測定します。一人でできることだけでなく、子どもが支援を得てできることも測ります。そうすることで、教科学習支援を含む指導計画を立てるのに、より役立つ情報を収集できるからです。DLA のタスクは、「導入会話」と「語彙力チェック」からなるウォーミングアップとしての〈はじめの一歩〉と、〈話す〉〈読む〉〈書く〉〈聴く〉の四つの技能別に構成されています。そのタスクを活用して測定した結果を在籍学級参加との関係から記述した「JSL 評価参照枠」の六つのステージに照らし合わせて、言語能力レベルを評価します。原則として、ステージ 1 から 4 までが、個別指導が重点的に必要で CF、DLS が伸びていく段階、ステージ 5 以上は、おおよそ ALP を獲得できている段階とされています。

　課題 2 のマリアムさんのように、来日直後で日本語が全く話せない子ども

の場合は日本語力を評価することはできませんが、母語で、〈はじめの一歩〉や〈話す〉〈書く〉を実施することはマリアムさんの状況を把握する上で大変有益です。ただ、いずれにせよ、子どもの言語能力は、一つの評価法だけで把握できるものではありません。できるだけ多角的にとらえることができるように、普段の授業の参加状況を観察したり、成果物なども合わせて見たりしていく必要があります。

5. CLD児への日本語指導

　CLD児の状況把握ができたら、それに合わせた教育・支援を開始します。文部科学省は前述の『外国人児童生徒受入れの手引　改訂版』(2019)で、取り出し授業における基本的な日本語指導のプログラムを提案しています。①サバイバル日本語、②日本語基礎、③技能別日本語、④日本語と教科の統合学習、⑤教科の補習の五つです。特別の教育課程では、これらのプログラムを参考にして個別の指導計画を立てます。CLD児の状況と学校の支援体制などを総合的に判断し、どのくらいの期間、週何時間程度、どのような内容をどのような方法で指導するかを考える必要があります。

①「サバイバル日本語」プログラム

　来日直後の子どもが、日本の学校生活や社会生活についての必要な知識と日本語を使って行動する力を身につけることを目的とします。主に、健康・衛生、安全な生活、関係作り、学校生活の四つの観点から、子どもにとって緊急性の高いものから、場面別に必要な語彙・表現を学習します。例えば、挨拶などや、「先生、トイレいいですか」、「危ない、だめ」、「(遊びの仲間に)入れて」、「(給食場面で)おおい、減らして／少ない、増やして」といった表現です。実際の場面を示しながら、子どもの耳からの**自然習得**の特性を活かして何度も繰り返し聞かせ、そのまま表現やかたまり(chunk)として覚えます。

②「日本語基礎」プログラム

　日本語の基礎的な知識や技能を学ぶためのプログラムで、基本的に(A)発音

の指導、（B）文字・表記の指導、（C）語彙の指導、（D）文型の指導の四つがあります。来日してからの日が比較的浅い時期に実施するもので、CF（会話の流暢度）や DLS（弁別的言語スキル）を伸ばすための支援といえるでしょう。ただ、小学校高学年以上の子どもには、これらの個別項目の体系的な指導でも効果があることもありますが、抽象的概念の操作が十分でない低年齢児には、視覚的な情報を補ったり、体験させたりしながら、指導する必要があります。子どもが興味・関心を維持できるようにゲーム性のある活動で繰り返し日本語を使ったり、子どもの生活に関連した文脈の中で意味のある言語活動を行ったりしながら、これらの言語項目を扱うことが重要となります。

　例えば、筆者が見学したある小学校では、小学1年生の CLD 児たちに、ひらがなの「う」を教えるために、右の足の裏に絵具で「う」の字を書いて、列になって「あしのうら〜、あしのうら〜」と歌いながら、模造紙にペタペタとスタンプのように足型を押していく活動を通して、文字と音との結びつけを行っていました。体全体を使って楽しみながら体験したことは忘れません。時間がかかるようですが、こうした丁寧な活動が後の学習への動機づけや定着にもつながっていると考えられます。

③「技能別日本語」プログラム

　日本語の4技能に焦点をあてた学習です。一般的に子どもの言語習得は、「聞く」→「話す」→「読む」→「書く」の順に進みます。そして、学力を伸ばすためには、**読み書き（リテラシー）**の獲得が欠かせないともいわれています。よって、CLD 児が母語もしくは日本語で獲得している聞いて話す力を、読んで書く力につなげていくための支援が必要です。例えば、経験したことや楽しかったことなどを、対話を通して引き出し、それを文章にしていく出来事作文の活動などです。また、文字言語に触れる機会の量と質を確保できる活動として、**多読プログラム**なども国内外でさまざまな実践がなされています。無理のないレベルで興味あるジャンルの本を楽しみながら読んで、内容について話し合ったり、あらすじ作文にしたりしながら、段階的に本のレベルを上げていく

といった活動は、読むことに抵抗を感じることが多い CLD 児の支援において効果的といえるでしょう。さらに、日本語プログラムではあるものの CLD 児の持っているもう一つの言語的・文化的リソースを活かし、アイデンティティを肯定しながら、複数言語での読み書きを伸ばすという視点も重要です。例えば、多読プログラムでも二つの言語で読み聞かせや話し合いを行ったり、作文の前に内容や構成を考えるメモを作成するときにも、CLD 児が使える全ての言語でメモを作ってもいいという指示を与えるなどです。紙媒体だけでなく ICT（情報通信技術）を上手に活用すれば、調べ学習などで複数の言語や文化を取り入れた学習も可能です。言語的・文化的な多様性と、（紙媒体だけではなく、音声、画像、動画といった）コミュニケーション媒体の多様性の両方を視野に入れ、CLD 児の**マルチ・リテラシーズ**を育成していけると良いでしょう。

④「日本語と教科の統合学習」プログラム

　CALP（学習言語能力）や ALP（教科学習言語能力）を身につけるためには、早い段階から日本語だけではなく、教科の学習に入っていく必要があります。そのために推奨されているのが「日本語と教科の統合学習」です。CLD 児にとって必要な教科等の内容と日本語の表現とを組み合わせて学習する方法で、文部科学省はこれを実践するためのカリキュラムとして、「JSL カリキュラム」を開発しました。これは、**CBI**（Content-Based Instruction；**内容重視型学習**）や **CLIL**（Content and Language Integrated Learning；**内容言語統合型学習**）（→第 10 章参照）と同じようなタイプのアプローチで、バイリンガル教育の分野では以前から一般的に行われていた方法です。

　「JSL カリキュラム」では、言語面と教科の内容面の二つの目標を立てます。例えば、小学 1 年生の算数で「求小（大小二つの数量のうち、大きい方の数量と差がわかっていて、小さい方の数量を求める）」の問題を扱う場合、「求小の場面を理解し、問題を解くことができる」という教科の目標と、その学習において必要とされる日本語、つまり、「『〜は〜より□こ少ない』という日本語を使って、考え方を説明することができる」という目標の二つを立てます。また、小学 4 年生の理科の「電気のはたらき」の単元では、「乾電池を 2 個使った場合二つの異なるつなぎ方があり、その違いを理解する」という教科の目標と、

「『直列つなぎ』と『並列つなぎ』の違いを、『回路』や『電流』、『輪の数』という日本語を使って説明することができる」という日本語の目標を立てることができます。もっとも、日本語の目標は、CLD児の日本語力によって変わります。あくまでも教科学習の内容が優先で、その内容を理解し、学習に参加するためにどのような日本語の語彙や表現、文型が必要かということを考える必要があります。

　そして、日本語力が十分ではないCLD児が教科の内容を理解し、考え、発表などを通して授業に参加できるように、視覚情報や具体物、体験により学びを支援したり、教師の発話・発問、板書をわかりやすく工夫することが求められます。表面的な日本語の表現を記憶させるだけでなく、子どもの頭の中が動く活動を常に考えていく必要があります。

⑤「教科の補習」プログラム

　補習的なプログラムとして、在籍学級への**入り込み授業**で、授業中に支援者がCLD児に個別にサポートしたり、教科の内容を取り出し授業で復習的に学習させたりする方法も提示しています。準備がさほど必要ではないため、多くの教育現場で実践されている方法ですが、効果検証が十分にされているわけではありません。一方で、第2節で触れた取り出し授業で、先行型（予習型）で教科内容を学習した上で在籍学級に参加する方法は、効果的であるといわれています。特に、CLD児の母語がある程度確立している場合に、母語を使って予習をする方法については、日本国内でもさまざまな研究により有益性が実証されています。この母語を使って日本語と教科学習の支援をする方法は、海外でも以前から実践されており、過渡的（transitional）バイリンガル教育と呼ばれています。ただ、これは、あくまでも子どもが日本語が十分にできるようになるまでの一時的な対処法であり、母語そのものも伸ばすバイリンガル教育とはいえません。

次の二人の CLD 児への日本語指導としてどのような方法が考えられるでしょうか。先述の日本語指導プログラム①〜⑤を参考にして、二人の CLD 児にどんな内容をどのような方法で教えればよいかを話し合ってみましょう。

> アンドレアさん（7 歳、女児）：滞日期間 3 ヶ月。現在小学 2 年生の 4 月。ボリビア出身、母語はスペイン語。
>
> 1 年生の 3 学期から学校に通い出したが、前年度は特別な支援がなかった。日本人の友だちの行動をまねて学校生活を送っている。日本語は「うん／ううん」、「わかった／わからない」、「好き」など、決まった表現を使う。ひらがな文字は 30 くらい覚えた。ボリビアでは 1 年間、学校に通った。スペイン語での会話は年齢相応にできるが、スペイン語での読み書きは 1 年生の学年しか終えていないため、十分にはできない。毎日 1 時間、週 5 時間取り出し授業をすることが可能。

> ジョンさん（13 歳、男児）：滞日期間 2 年半。小学 5 年生のときに来日。現在中学 1 年生の 9 月。フィリピン出身、母語はタガログ語、第二言語は英語。
>
> 日本語の生活言語能力は身についているが、学習言語能力は十分ではない。フィリピンでは 4 年生まで学校に通い、英語で授業を受けていた。1 日 1 時間、週 2 時間取り出し授業をすることが可能。

6. まとめ

　本章では、主に日本語指導を中心に CLD 児への教育・支援のあり方について考えてきました。しかし、前述の通り、CLD 児の全人的な発達を目指す場合、日本語指導のことを考えるだけでは十分ではありません。第 8 章で触れたバイリンガル教育理論をふまえると、母語・母文化の保持・育成のための教育・支援や、アイデンティティの肯定、キャリア形成についても教育現場が保障できることは多くあります。マイノリティの CLD 児の母語を育成するためのバイリンガル教育のシステムは日本では確立されてはいませんが、少しでも母語を失わないように大切にする取り組みはいくつかの地域・学校で実践されています（小島編 2021）。複数言語環境に育つ CLD 児自身が、「日本語ができない自分」ではなく、「多様な可能性がある自分」ととらえられるように、彼

らが持っているものをすべて活かしつつ支援をしていくことが、国や学校といった組織レベルでも、個人レベルでも求められています。

もっと知りたい人へ

○ 『Q&A でわかる外国につながる子どもの就学支援 ―「できること」から始める実践ガイド ―』小島祥美（編著）（2021／明石書店）

○ 『親と子をつなぐ継承語教育 ―日本・外国にルーツを持つ子ども ―』近藤ブラウン妃美・坂本光代・西川朋美（編）（2019／くろしお出版）

○ 『外国人児童生徒のための支援ガイドブック ―子どもたちのライフコースによりそって ―』齋藤ひろみ（編著）今澤悌・花島健司・内田紀子（2011／凡人社）

○ 東京外国語大学多言語・多文化教育研究センター（2017）『「DLA」《使い方映像マニュアル》』
http://www.tufs.ac.jp/blog/ts/g/cemmer/dla.html

○ 文部科学省（2019）『外国人児童生徒受入れの手引　改訂版』
https://www.mext.go.jp/a_menu/shotou/clarinet/002/1304668.htm

○ 文部科学省（2014）『外国人児童生徒のための JSL 対話型アセスメント DLA』
https://www.mext.go.jp/a_menu/shotou/clarinet/003/1345413.htm

コラム 09

パキスタンからやってきたマリアムさん

　第9章の課題2に登場するマリアムさん(仮名、10歳女児)の家庭は、お父さんが日常会話程度の英語ができる方だったので、まずお父さんと面談を実施しました。そこで初めてわかったことですが、マリアムさんが一番聞いて話せる母語は、家庭内で使うパシュトー語でした。パキスタンの公用語であるウルドゥー語は学校に行きだしてから学習し始めた言語でした。読み書きはウルドゥー語で少しできましたが、パシュトー語はほとんど書けないようでした。

　マリアムさんが日本で暮らす地域の自治体は、母語話者支援者(母語通訳者)を継続的に学校に派遣する制度はありませんでしたが、教育委員会と国際交流協会がパシュトー語と英語ができる通訳者を探したところ、サポートをお願いできる人が近くに住んでいることがわかりました。もし、パキスタン出身だからとウルドゥー語の通訳者を探していたら、十分な会話はできなかったでしょう。しかも、マリアムさんは、パキスタンでは親戚を含め40人ぐらいの大家族で生活していて、毎日たくさんの兄弟やいとこと過ごしていたこともあり、学校に通い出したのは8歳になってからで、10歳で来日したときはパキスタンの1、2年生の学習内容が終わった段階でした。パキスタンでは、5、6歳から小学校に入学できますが、学年の区切り方は日本のように厳密ではなく、異年齢の子どもが同じ学年で学習することも珍しくありません。しっかりヒアリングをしなければ、今の状態だけを見て発達に問題があると判断してしまったかもしれません。

　マリアムさんの場合は、本人やお父さん、お母さんの意見をよく聞きながら、さまざまな条件を勘案して、5年生ではなく、4年生の学年に入ることになりました。また、イスラム教に関することとして、ラマダンの過ごし方や、給食で豚肉が出る日は別のおかずをうちから持ってくること、肌を露出する水着を着ることができないためプールは見学にすること、偶像崇拝は禁止なので図工の授業で人の絵を描くことをしないなど、細かく話し合いました。逆にそれ以外の日本の多くの学校ルールはしっかり説明して、従ってくれることになりま

した。

　学校用品は写真や絵などを見せながら説明し、買う場所を伝えて、スムーズに準備ができました。マリアムさん以外のケースでは、ボランティアの方が買い物まで一緒について行ったこともあります。支援の必要度は子どもや家庭によってさまざまです。過去には、このやりとりが十分でなく、お道具箱と間違えてオルゴールを買って持ってきてしまった子どももいました。一番不安なのは、子どもと養育者ですから、その気持ちに寄り添うことが大切でしょう。

　学校生活では最初に、クラスメートの中から、マリアムさん担当のお世話係をつけたことがプラスに働きました。早い段階でクラスの子どもたちに、マリアムさんの国や文化、言語について紹介したり、言語がわからない状態で学校生活を送ることがどんなに大変かということを考える時間を設けたことで、マリアムさんに対する理解も深まりました。また、日本語の学習につながる掲示物を置いたり、掲示物にルビをつけようと提案したりする子どもたちが出てきました。また、積極的にマリアムさんと関わろうとする子どもたちも増え、マリアムさんは言語が通じなくても、周りの子どもたちの行動を真似したり、関わりながら、徐々に溶け込んでいくことができました。日本語もその中で少しずつ覚えていきました。子ども同士の関係作りを促す支援も担当教員の重要な役割の一つといえるでしょう。

第10章 SLA 研究に基づく日本語指導（1）
―コミュニケーション能力を育てる

この章のポイント！

外国語の指導法は、文法を重視した指導法から、コミュニケーションを重視した指導法へと大きな変遷を辿ってきました。現在は、コミュニケーションを重視しながらも、文法形式にも注意を向けるフォーカス・オン・フォーム(Focus on Form)を取り入れた指導が、多くの SLA 研究者たちから支持されています。この章では、外国語教育におけるコミュニケーション能力の育成をどのように行うことが効果的だといわれているか、指導法の変遷とともに学びます。その上で、フォーカス・オン・フォームの具体例について見ていきます。

☑ キーワード

コミュニケーション能力、PPP (文型ベースのアプローチ)、
コミュニカティブ・アプローチ、フォーカス・オン・フォーム、
訂正フィードバック、リキャスト

1. コミュニケーション能力とは？

　皆さんが外国語を使って実現したいことは何ですか。筆者は、留学先でお世話になったホスト・ファミリーと再会したときに「もっとたくさん話がしたい！」という気持ちで英語学習を続けていました。このように、外国語を学ぶ人の多くが、その言語でコミュニケーションができるようになることを目標としているでしょう。

課題 1

　皆さんの周りにコミュニケーション能力が高い人はいますか。コミュニケーション能力は、具体的にどのような能力を指すのか、また、どのような要素が含まれているか、周りの人やグループで話し合ってみましょう。

コミュニケーション能力（communicative competence）という概念は、デル・ハイムズ（Dell Hymes）が1972年に提唱し、外国語の指導法に大きな影響を与えたことで知られています。例えば、"Would you mind telling me the way to the national museum?"と尋ね、"No, I don't mind telling you the way to the national museum."という返事があったとします。この返事は文法的には誤りとはいえませんが、自然なやり取りとしては違和感があると思う人も多いのではないでしょうか。コミュニケーションを行う能力には、正確さだけでなく、社会文化的文脈に応じた表現を選択し、運用するような能力も含まれるというハイムズの主張は、大きな注目を集めました。その後、コミュニケーション能力についての議論が進み、2007年にはセルシー・マルシア（Celce-Murcia）によって、言語教育に応用できる新たなモデルが提唱されました。

セルシー・マルシアのモデルでは、コミュニケーション能力は、談話能力、言語能力、インターアクション能力、フォーミュラ（定型表現）能力、社会文化能力という五つの構成要素と方略的能力からなります（図1、表1）。また、五つの構成要素は経験を通して習得される能力であり、方略的能力がそれらを支えていると考えられています。図1を見ると、コミュニケーション能力を育成するということは、語彙や文法といった形式を覚え、産出できるようにするという単純なものではないということに気づくでしょう。従来、コミュニケーションとは、言葉を使って話し手から受け手へ情報を伝達するという一方向的な行為であると考えられてきました。しかし、実際のコミュニケーションの場では予想した通りに物事が進むことは少なく、ほとんどの場合、会話の参加者同士が双方向に、状況を見極めながら即効的にやり取りを進めていく必要があります（熊谷・佐藤 2019）。このような状況を想定し、学習者のコミュニケーション能力を育成するにはどうすればいいのでしょうか。ここからは、外国語の指導法（教授法・アプローチ）の変遷とともにこのテーマについて考えていきたいと思います。なお、本章では教室内での指導や学習を取り上げるため、「L2使用者」ではなく、「学習者」という用語を使用します。

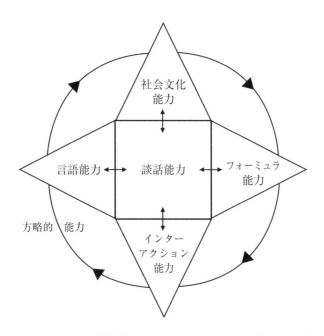

図1 セルシー・マルシアが提唱したコミュニケーション能力のモデル構成要素
（Celce-Murcia 2007: 45、訳は畑佐 2018:19）

表1 セルシー・マルシアが提唱したコミュニケーション能力のモデル構成要素
（Celce-Marcia 2007、表中訳は畑佐 2018 をもとに筆者作成）

談話能力	語彙、文法、表現を選択し、適切に構成し、まとまりのあるメッセージを伝達する能力
言語能力	語彙、音韻、形態素、文法を用いて、文を産出する能力
インターアクション能力	会話の開始・終結、話題の提示・転換、発話権の取得・維持、ターン、割り込み、ジェスチャー、相づちを使うなど、会話を進めるのに必要な能力
フォーミュラ能力	かたまり表現（例：おはようございます）、強い共起関係を示すコロケーション（例：シャワーを浴びる）、慣用句などの定式表現を使う能力
社会文化能力	社会文化的文脈で適切に発話をするための能力
方略的能力	学習ストラテジーやコミュニケーション・ストラテジーのことでコミュニケーション能力の習得を支える能力

2. 外国語の指導法はどう変わってきたか

外国語の指導法は、**文法を重視した指導法**から、**コミュニケーションを重視した指導法**へと大きな変遷を遂げてきました。

日本国内の中学・高校における英語教育や、初級日本語教育で多く採用されている指導法のひとつに、**PPP（Presentation-Practice-Production；文型ベースのアプローチ）**という文法を重視した指導法があります。これは、1960年代頃から外国語教育の主流となったもので、特定の文型や文法規則を導入し、練習を繰り返したのちに、会話などの産出の機会を設けるという授業展開になります。

図2　PPP（文型導入→練習→産出）の授業展開のイメージ

下の練習問題は、PPP の授業の中で筆者が実際に作成し使用したものです。

練習　「〜ています」を使って（　　）の動詞を書きかえ，文を完成させましょう。

① わたしの父は　新聞を　＿＿＿＿＿＿＿＿＿（よみます）。

② 田中さんは　レストランで　ごはんを　＿＿＿＿＿＿＿（たべます）。

会話　「〜ています」を使って　ペアで話しましょう。

　ハマーダ：もしもし，木村さん，今 なにを しますか。

　木 村 ：もしもし，ハマーダさん，こんにちは。今 宿題をします。

PPP は、学習者が学ぶべき文型（上の例の場合は「〜ています」）があらかじめ決まっており、その文型を使用するための練習を行います。そのため、学習者からどんな発話があるか予測しやすく、教師がコントロールしやすいという特徴があります。それゆえ、経験が浅い教師でも比較的、授業計画が立てやすいといわれています。また、学習文型が正確に使えるようになることが授業の目標とされるため、フィードバックや主観的な評価がしやすいという利点もあります。さらに、現在教壇に立つ教師の多くがこの方法で外国語を学んできたことから、教師にとって親しみがあり、取り入れやすいアプローチともいえます。

課題2

①PPP はコミュニケーション能力の育成につながりにくいという批判も受けてきました。PPP による育成が難しいのは、コミュニケーション能力のうちどのような側面でしょうか。練習問題の例と、セルシー・マルシアが提唱した「コミュニケーション能力のモデル構成要素」（図1、表1）を照らし合わせながら、周りの人やグループで話し合ってみましょう。

②また、もしあなたが授業を行うとしたら、それを補うためにどのような工夫をするか、具体的に考えてみましょう。

SLA 研究者の多くは、PPP のような文型ベースのアプローチでは、学習者がコミュニケーション場面で通用する L2 の運用力を十分つけることはできないと考えています。例えば、先の練習問題のように、場面や文脈から切り離された状況で、発話内容の意味を理解しているかどうかに関わらず、正しい言語形式を産出することが優先される練習は、日常生活で行うコミュニケーション活動とは大きく異なることがわかるでしょう。教室で教わった文型や文法の知識が、すぐに運用に結びつくという証拠が得られていないことも SLA 研究者の多くがこのアプローチを支持しない理由の一つです。さらに、教師から一方的に与えられる指示や情報で完結する授業は、学習者の自律的な学習を支援しないという批判もあります。

これに対し、1970 年代からはコミュニケーションを重視した指導法が注目を浴びるようになりました。ちょうどこの頃、ヨーロッパ諸国で移民が急増した影響で、実践的な言語教育、つまりコミュニカティブな言語教育を行う必要

性が高まっていたことも背景にありました。コミュニケーションを重視した指導法は、言語学習のゴールをコミュニケーション能力の習得と定義し、実生活において相手とコミュニケーションを円滑に行う能力の育成を目指すものです。それまでの指導法が言語形式の正確さに焦点をあてていたのに対し、意味に焦点をあてることの重要性を強調した点で大きく異なりました。なお、コミュニケーションを重視した指導法の総称として、広く、**コミュニカティブ・アプローチ**（communicative approach）という用語が使われることもあります。

　しかし、実際に自然なコミュニケーションを重視するあまり、文法指導を一切行わない方法では、L2 を効率的に習得できないとする声が高まりました。バイリンガル教育の分野において、カナダで 10 年以上、フランス語での授業を受けた生徒が、聴解力や流暢さは L1（第一言語）フランス語使用者のレベルに到達していたのに、文法の正確さについては L1 フランス語使用者には遥かに及ばないレベルに留まっていたという結果が報告されたことも、L2 習得における文法指導が再び重要視されるきっかけとなりました。

　こうした流れを受けて、現在コミュニカティブ・アプローチと呼ばれる指導法は、図 3 のように言語形式の指導をどの程度許容するかという観点から強い立場から弱い立場まで段階的に複数の立場が存在します。いずれもコミュニケーション能力の育成を目標に掲げている点では共通しています。

　「強いコミュニカティブ・アプローチの立場」とは、言語はコミュニケーションを通して獲得されるという考え方を持ち、文法の説明や練習を行わない立場です。例として、特定のテーマや社会や理科など教科の内容を、目標言語を用いて行う **CBI**（Content-Based Instruction ; **内容重視型学習**）やイマージョン教育などがあります。

　「弱いコミュニカティブ・アプローチの立場」は、言語形式の説明に加え、その形式を運用する機会を教室内で与える立場です。例として、PPP の手法を採用しつつも、コミュニケーション能力の育成を意識し、ロールプレイやディスカッションなどの言語活動を合わせた指導を行うものなどがあります。

▶弱いコミュニカティブ・アプローチ
　の立場
言語の説明に加え、その形式を運用
する機会を与えることが重要。教師
が文法の導入や練習を行った後で、
学習者が自然な状況でコミュニケー
ションを取れるような活動を行う。

▶強いコミュニカティブ・アプローチ
　の立場
言語はコミュニケーションによって
獲得され、言語を学ぶために言語を
運用する。授業は、コミュニケーショ
ンから始まり、文法指導は行わない。

図３　コミュニカティブ・アプローチの様々な立場

　ここで大事なことは、外国語の指導法や教師の立ち位置を「文法重視」vs
「コミュニケーション重視」だったり、「強い立場」vs「弱い立場」というよう
な二項対立の固定されたものとしてとらえないことです。

3. フォーカス・オン・フォームとは

　コミュニカティブ・アプローチが注目される中で、単純に意味だけに焦点を
あてた L2 での活動を行うより、言語形式にも意識を向けた活動を行う方が、
学習効果が高いことが SLA 研究を通してわかってきました。そこで登場した
のが、**フォーカス・オン・フォーム**（focus on form；**言語形式への焦点化**）という
手法です。フォーカス・オン・フォームは、コミュニカティブな活動をしてい
るときに、学習者の注意を自然な流れの中で言語形式に向けさせる教育的介入
の手法のことです。フォーカス・オン・フォームを行うことで、言語形式と意
味機能が同時に処理され、習得が促進するといわれています。

　次の課題は、筆者が 2020 年に初級レベルの留学生を対象とした日本語授業
で行ったものです。2020 年といえば、世界中で新型コロナウィルスの感染予
防のため、対面授業が禁止され、オンライン授業を行っていた時期でした。

 課題3

　新型コロナウイルスの感染拡大は私たちの生活にも大きな影響を与えました。皆さんにとってどのような影響がありましたか。
　良い面と悪い面について、それぞれ個人の体験からリストアップしてください。そのあと、周りの人やグループで意見を出し合ってください。

　どんな意見が出たでしょうか。この課題に対し、筆者の授業に参加した学生たちからは「(マスクをするので)お化粧をしなくて良くなった」「家族とたくさん過ごせるようになった」「交通費がかからなくなった」「バイトがほとんどなくなった」「友だちと会えなくて暇になった」というような回答がありました。初級学習者ですから、上記のような適切な表現が最初からできたわけではありません。「言いたいことはあるけど、日本語でどう言えばいいのかわからない」という状況でした。その時こそがまさに教育的介入のチャンスです。変化を表す「〜なる」の使い方を説明し、学習者の注意を言語形式に向けることで、学習者はその言語形式と意味機能を結びつけることができます。このように意味に焦点をあてた活動の中で、学習者の注意を言語形式に向けさせる手法は、広義の意味でのフォーカス・オン・フォームといえます。

　そのほかに、フォーカス・オン・フォームの考え方に沿った教室活動の種類として、**インプット洪水、インプット強化**という方法が挙げられます。いずれも聴解や読解を行う過程で、インプットの量や質を調整することで学習者の言語形式への気づきを促す方法です。

　インプット洪水は、意図的に目標言語の特定の言語形式が含まれたインプットをたくさん与えることです。下の例は、聴解のロールプレイの事例です。この事例では、学習者がロールカードの役になりきって音声を聞き、聴解シートの「☺」のところで応答をすることで、会話に参加しているような状況を作りだし、コミュニケーションの練習が行えるようになっています。この活動で用いるカードや音声には「〜たことがあります」が意図的に複数含まれています。活動を通して学習者に「〜たことがあります」への気づきを促し、文脈から意味を推測させることが狙いです。

ロールカード

・あなたはバンジー・ジャンプをしたことがありませんが、興味があります。

・先輩とは仲がいいですが、まだ一緒に遊んだことがありません。一緒に遊びたいです。

・今週の土曜日はアルバイトがありますが、日曜日はひまです。

先輩が話しかけてきます。合図 😊 の後で、自分の言葉で返事をしてください。

聴解シート（注：😊の部分は、学習者がロールカードの役になりきって自由に答える。）

　A：〇〇さん、バンジージャンプをしたことがありますか。

　B：え？　バンジージャンプですか？　ないです。先輩は？

　A：私もしたことがないんですが、チケットをもらったんです。よかったら今週の土曜日に、一緒に行きませんか。

　B：😊 _____

　インプット強化は、例えば、読解の授業で使用する文章のうち、習得を促したい言語形式だけ、あらかじめフォントを変えたり色をつけたりして強調する方法です。文章読解という意味中心の活動の中で、一時的に学習者の注意を言語形式に向けることで習得を促す手法だといえます。SLA研究では、インプット強化された文章の方が、学習者の気づきが多く見られたり、その後の活動で目標言語を多く使えたりすると言われています。

課題4

　皆さんの外国語学習経験を振り返って、「インプット洪水」や「インプット強化」が用いられていたことはありましたか。具体的な事例を出し合ってみましょう。

4. 習得に効果的な訂正フィードバックとは

リキャスト（recast）というフィードバックもフォーカス・オン・フォームの

代表的な手法です。リキャストとは、学習者のNTL（目標言語で使われる形式とは異なるもの）（下記の会話、下線部）に対し、会話の流れを遮らないようさりげなく適切な形式に言い換える（下記会話の二重線部）教師のフィードバックです。会話の例を見ると、教師が聞き返しをするかのような自然な流れの中で、学習者の注意を言語形式に向けさせていることがわかります。

> 教師：クリスさん、素敵な浴衣ですね。
>
> クリス：ああ、ありがとうございます。でもこれは安いの浴衣です。
>
> 　　　　次はもっとデザインがよくて、高いの浴衣が買いたいです。
>
> 教師：え、安い浴衣なんですか。

（『超基礎 日本語教育』p.100 より）

NTLに対して適切に**訂正フィードバック**を与えることは、学習者が教師に期待する大きな役割の一つであり、L2習得につながるチャンスです。そのため、どのような種類の訂正フィードバックが習得を促進するのかというテーマは、多くの研究者や教師たちの関心を集めてきました。

日本語教師からは「誤りを訂正しすぎることは、学習者のプライドを傷つけるのではないか」というように学習者の気持ちに配慮する意見が聞かれますし、地域の公民館などで生活者の日本語学習などをサポートする支援者からは「日本語教師としての資格がないのに、誤りを直すのは偉そうではないか」という意見も聞かれます。

一方で、実際に教室で学ぶ学習者を対象にした調査では、NTLを訂正されることの心理的な負担はそれほど大きくなく、学習者はNTLを積極的に訂正してほしいと考えていることがわかっています。

実は、NTLに対する考え方は、外国語の指導法の変遷に伴って変わってきています。近年のコミュニカティブ・アプローチでは、NTLの訂正について、学習者ができることとできないことを浮き彫りにすることができる大変貴重な機会だとする一方で、コミュニケーションの流れをできるだけ阻害しないよう簡潔に指摘するべきだという考えが広まっています。

意味のあるコミュニケーション活動をしている場合は、会話の流れを遮らずに学習者の発話を正しく言い換えて訂正するリキャストや、学習者自身に発話

の修正を促す**誘導**、もう一度言うように伝える**明確化要求**のように、暗示的な
フィードバックが有効です（→表2）。これらはいずれも母語話者間の会話で行
われるようなやり取りを通して、話者である学習者自身にNTLを気づかせる
手法です。

表2　意味のあるコミュニケーション活動で用いられる主な訂正フィードバック
（L：学習者、T：教師）

リキャスト	L：眠いでした。 T：眠かったんですね。	会話の流れを遮らずに学習者の発話を言い換えて訂正する
誘導	L：眠いでした。 T：ねむ…？	学習者自身に発話の修正を促す
明確化要求	L：眠いでした。 T：え？　なんて？	聞き返しにより、もう一度言うように伝える

　それでは、表2の会話の中で、どのフィードバックがL2習得にとって最も
効果的でしょうか。これを解明するために多くの研究が行われてきましたが、
実のところ、いまだ明らかになっていません。ただし、研究の結果、訂正
フィードバックの効果は、文法項目や誤りの種類、与えるタイミング、学習者
の特性などに大きく左右されるということがわかっています。これまでに行わ
れた研究に基づき、SLA研究者たちは次のような提案をしています。

①さまざまなタイプの訂正フィードバックを与え、学習者に合うものを見
　つける。暗示的な訂正フィードバックを与えても学習者が気づかない場
　合には直接的な訂正フィードバックへと移行する。
②初級学習者は、訂正フィードバックに気づきにくいため、意識的に明示
　的な訂正フィードバックを与える。
③一度訂正フィードバックを受けた項目でも、正しく定着したかどうかは
　わからないので、継続的に、場面を変えるなどして与える。

　このように、教師は常に訂正フィードバックを与える相手の反応を見て、次

の手を考えておく必要があります。ここで、①の「暗示的な訂正フィードバックを与えても学習者が気づかない場合には明示的な訂正フィードバックへと移行する」について、実際の事例を見てみましょう。次の例は、筆者がある日本語教室を見学した際に見た教師と学習者のやり取りです。

教師：映画はどうでしたか。
フー：眠いでした。
教師：あぁ、眠かったんですか。
フー：はい、日本語あまりわからない、だから眠いでした。
教師：フーさん、え、なんて？　ねむ…？

　この教師は学習者のNTLに対して、最初は会話の流れを遮りにくい訂正フィードバック（リキャスト）を用いて学習者の気づきを促しています。ところが、学習者がそれに気づかず、再度同じNTLを産出したことから、より明示的な訂正フィードバック（明確化要求、誘導）へと移行し、NTLが含まれていることや訂正が必要な箇所を示しています。リキャストは、学習者から単なる相づちだと受け取られ、訂正フィードバックだと気づかれにくいことが欠点ですが、上記の例では、教師がより明示的な訂正フィードバックを用いることで、学習者の気づきを再び促そうとしています。
　筆者が授業でリキャストを与えるときは、学習者と目を合わせたり、少し間を取ったりして気づかれやすくする工夫をしています。さらに、学習者に訂正フィードバックをしたあとは、次の質問や話題にすぐ移るのではなく、学習者が訂正した形式を発話する機会を与えるために「待つ」ことを心がけています。

5. まとめ

　「文法を重視した指導法（PPP）」から「コミュニケーションを重視した指導法（コミュニカティブ・アプローチ）」、そして、「フォーカス・オン・フォーム」へという外国語指導法の大きな変遷は、日本語教育や英語教育にどのような変化を与えたでしょうか。

例えば、教師の役割は大きく変わりました。かつて教師は教室の中で絶対的な主導権を持ち、学習をコントロールする立場にありました。教師は文型をやさしいものから難しいものに分け、それを順に学習者に提供し、教室内で正確な言語形式をマスターした学習者を社会に送り出すという役割を持っていました。それに対し、コミュニケーションを重視した指導法やフォーカス・オン・フォームによる指導では、教室内に社会と同じような状況を作りだし、コミュニケーション活動を通して言語を習得するという考え方を浸透させました。そこで期待される教師の役割は、学習者の自律的な学習の進行を見守りつつ、必要に応じて介入し、支援するという**ファシリテーター**的なものへと変わっていきました。それに伴い、教室活動も言語形式の正確さを重視した練習に代わって、ペアやグループで情報のやり取りを行うディスカッションやディベートなど、様々なコミュニケーション活動が行われるよう変化していきました。

　このような外国語の学習や指導に関わる背景を知っておくと、皆さんのこれまで、あるいはこれからの外国語の学習経験が、違う見え方をしてくるのではないでしょうか。学ぶ立場であっても、教える立場であっても、「L2 におけるコミュニケーション能力の育成のために何をすべきか」をじっくり考えることは、効率的な L2 習得の支えとなることでしょう。

もっと知りたい人へ

○『第二言語習得について日本語教師が知っておくべきこと』小柳かおる（2020／くろしお出版）

○『日本語の習得を支援するカリキュラムの考え方』畑佐由紀子（2018／くろしお出版）

○『超基礎 日本語教育』森篤嗣（編著）・太田陽子・奥野由紀子・小口悠紀子・嶋ちはる・中石ゆうこ・柳田直美（2019／くろしお出版）

○『フィードバック研究への招待』大関浩美（編著）・名部井敏代・森博英・田中真理・原田三千代（2015／くろしお出版）

文法さえ正しければいい？

　皆さんが暮らしている地域には、生活者としての外国人を対象とした日本語教室がありますか。生活者のための日本語教室は、その地域で暮らす外国人の日本語学習を支援するだけではなく、日本語母語話者にも授業に参加してもらい、学習者と交流できる機会を設けています。

　先日、筆者が見学した日本語教室では、資格を持った日本語教師によって授業が行われ、地域の方が支援員として会話活動に参加していました。テーマは、「広島県の宮島への日帰り旅行計画を立てる」というものでした。そこで、ある学習者ペアが「お昼ご飯は、スターバックスはどうですか。」「いいですね。」「お土産は ... スターバックスはどうですか。」「いいですね。」という会話をしていました。

　この会話を聞いた支援員さんたちは「ええ!?　宮島といえば牡蠣も穴子も有名なのに、スターバックス !?」と驚きつつも、「単なる練習だから、文法さえ正しければいいのかしら。」とヒソヒソ話し、黙っていたのです。ここで考えるべきことは、教室での会話練習は「文法さえ正しければいいのか」ということです。もしここで支援員の方が、驚きを伝え、なぜスターバックスがいいのか質問していたら、学習者から「限定メニューが食べたいから。」「宮島にどんな店があるのか知らないから。」などの理由を知ることができたかもしれません。それを聞いて、宮島の美味しいお店を紹介したり、逆に学習者からオススメのスターバックスのメニューを紹介してもらったりするような次のコミュニケーションに発展していたかもしれません。

　日本語教室の会話活動では、文法の正確さに注目する傾向がありますが、実生活での会話では、多くの場合、正確さより伝えたい内容が重要です。学習者も、支援者の方も、もっと内容を楽しんでほしいなぁ、と筆者は願い、時には伝えながら、授業をしています。

第**11**章 SLA 研究に基づく日本語指導(2)
—内容と言語のどちらも重視する

> ### この章のポイント！
>
> この章では、SLA 研究と結びつきが強い指導法として TBLT（タスクベースの言語指導）と CLIL（内容言語統合型学習）を具体的な実践例と共に紹介します。TBLT や CLIL は、内容と言語形式の両方を重視する指導法で、学習者の動機づけを高め、L2 習得を促進すること、そして言語以外の能力も育成できる可能性があることに期待されています。
>
> ---
>
> ☑ **キーワード**
> フォーカス・オン・フォーム、TBLT（タスクベースの言語指導）、CLIL（内容言語統合型学習）、インフォメーション・ギャップ

1. SLA 研究による理論に支持される指導法

　第 10 章では、コミュニカティブな活動をしているときに、自然な流れの中で学習者の注意を言語形式に向けさせるフォーカス・オン・フォームという手法について学びました。フォーカス・オン・フォームの考え方に沿った指導アプローチとして、近年日本語教育では **TBLT**（Task-Based Language Teaching；**タスクベースの言語指導**）と、**CLIL**（Content and Language Integrated Learning；**内容言語統合型学習**）が注目されています。どちらも "Learning by doing（今ここで使いながら学ぶ）" という考え方を持つ点で共通しており、それまでの文法重視のアプローチに見られる "Learn now, and use later（学習してから使う）" の考え方とは大きく異なります。

また、学習者のニーズを重視し、モチベーションを高める内容を扱うこと、意味があるインターアクションの機会が設けられていることなど、L2習得に効果的だとされる要素を含んだアプローチとしても共通しています。なお、本章では教室内での指導や学習をとりあげるため、「L2使用者」ではなく、「学習者」という用語を使用します。

2. TBLTとは？

　TBLT（Task-Based Language Teaching）とは、タスクをベースにした言語指導のアプローチのことを指します。日本語教育においては、「タスク先行型」（山内 2014）という名前でも知られています。これらのアプローチは、文型導入から授業がスタートするPPP（文型ベースのアプローチ、→第10章 図2参照）の授業展開とは対照的に、学習者にタスク（例：ロールプレイタスク）を先に行わせてから、そのタスクに必要な表現を教えるという流れをとるものです。授業の冒頭でタスクに取り組むことで力試しをし、自分は何ができないかということを知った上で表現を学ぶことは、実生活での言語運用に近く、言語学習のモチベーションを高めるといわれています。

　TBLTのアプローチは、外国語教師による実践を通して発展してきたと同時に、多くのSLA理論に支持されながら発展してきました。例えば、学習者がいくらインプットを受けても、その中にある言語項目に気づかなければ、その項目の習得は起こらないとする**気づき仮説**（Schmidt 1990）は、教室内で学習者に気づきをもたらす環境を作ることの大切さを示しています。同様に、アウトプット仮説（Swain 2005）やインターアクション仮説（Long 1996）（→第4章参照）も、教師主導の一方的な文法説明ではなく、コミュニカティブな活動を含むことの重要さを示しているといえます。

　TBLTで扱うタスクとは、「学割を使って新幹線の指定席のチケットを窓口で購入する」「風邪で期末試験を受験できないことを先生に伝え、追試やレポートで単位をもらえるよう交渉する」のように、日常的に起こり得るあらゆる課題のことをいいます。TBLTの授業の流れでは、タスクを行う前に、タスクの遂行がスムーズにいくよう限定的に語彙などの説明を行うことはあります

が、PPP のように特定の文型(例:「〜ている」)が提示されることはありません。また、日本語教育では、特定の文法形式を用いて行う練習のことをタスクと呼ぶことがありますが、TBLT ではそのような練習はタスクと呼ばず、エクササイズと呼んで区別します。つまり、タスクの中で行われるコミュニケーション活動は、「この文型を用いて会話をしなくてはならない」という制約がないものであり、目の前に掲げられた解決すべき課題に、学習者の意識が自然と向くようになっているのです。

課題1

　図1のタスクの例は、学生役と駅員役の間にインフォメーション・ギャップ(持っている情報の違い)がある設定になっています。どのようなインフォメーション・ギャップがあるか話し合ってみましょう。また、インフォメーション・ギャップがあることで、どのようなインターアクションが起こると想定されるかについても話し合ってみましょう。

タスク：学割を使って新幹線の指定席のチケットを窓口で購入する

クラス概要：公民館で開催されている生活のための日本語を学べる教室。近くに大学があるため、留学生が多く通う。地域住民がボランティアで支援員として携わり、会話練習などのコミュニケーション活動に参加している。

①プレタスク
　語彙を確認する（学割、みどりの窓口、指定席、自由席、片道、往復など）
　新幹線に乗った経験、みどりの窓口を利用した経験などについて話す

②メインタスク
　ロールカードを用いて、支援者（地域住民）が窓口の駅員役、学習者が学生役になり、ペアでロールプレイを遂行する。

学生	駅員
以下の日程で、東京―京都間の新幹線の指定席のチケットを購入したいです。学生なので学割を使いたいと思っています。 行き：3月20日　帰り：3月25日	あなたはみどりの窓口で働いており、新幹線のチケット販売を担当しています。販売するときには、行き先、日付、時間を聞いてください。なお、3月25日の午後は、東京―名古屋間の指定席は全て満席です。

③フィードバック（フォーカス・オン・フォーム）
　教師は学習者の NTL や、より良い表現を提示し、学習者の注意を言語形式に向ける。
　場合によっては文型などの練習や、類似のタスクを再度行い、定着させる。

図1　TBLT の授業展開例

タスクは、学習者にとって、自分が言いたいことと言えないことのギャップや、現実場面に近いコミュニケーションに適した目標言語形式に気づく機会を提供します。こうした気づきは、学習者のモチベーションを向上させたり、言語習得を促進したりすることにつながります。また、このロールプレイタスクのように参加者同士が持つ情報や意見にギャップがあるような設定にすることで、参加者はタスク達成に向けて、お互いを理解するための様々な意味交渉を行う必要が生じます。その結果、学習者は多くの理解可能なインプットを受けることになり、習得への効果が期待できるというわけです。ただし、どのようなタスクであっても、最初からすべて上手くいくわけではありません。TBLTアプローチでは、タスクのあとで教師がより適切な表現を教えたり、語彙や文法を訂正したりする時間をとります。このようにコミュニケーション中心の授業の中に、言語形式に学習者の注意を向けさせる手法(フォーカス・オン・フォーム)を取り入れることで、意味と形式を結びつける機会を作り、L2習得を促すというわけです。

課題2

> 　図1の例を参考に、「風邪で期末試験を受験できないことを先生に伝え、追試やレポートで単位をもらえるよう交渉する」というタスクを用いた地域日本語教室での授業展開例をペアやグループで考えてみましょう。
> ➡ワークシートは「超基礎SLA website」よりダウンロード

3. CLIL とは?

　CLIL(Content and Language Integrated Learning)とは、特定の内容(教科やテーマ、トピック)を、目標言語を通して学ぶことにより、内容と言語の両方を身につけていくという考え方をもつ教育アプローチです。この点においては、CBI(→第10章参照)と似ているのですが、CLILは1993年の欧州連合(EU)発足に伴い、複言語主義や平和構築を目指す言語政策をきっかけとして生まれた背景を持ちます。具体的には、ヨーロッパ市民の相互交流の必要性に応じて、小学生のうちから二つ以上の外国語を学習させるというEU議会の方針のもと開発されました。SLA理論と合致

する部分も多く、近年ではEU諸国以外での実践も広まっており、教科学習だけでなく、外国語科目においても効果が期待されています。

　CLILの大きな特徴の一つが、表1にあるように内容、言語、思考、協学・異文化理解の4つのCと呼ばれる指導原則に基づいて、授業が構築されることです。日本語教育におけるCLILでは、世界の貧困問題、環境問題、まちづくり、ジェンダーなど様々なテーマやトピックを扱った授業が実践されていますが、ここでは、「防災」について、中級前半の学習者を対象に授業を行うことを想定した事例を見ていきましょう。

表1　CLILの指導原則と学習目標例（小林・奥野(2019)、例は筆者作成）

指導原則(4つのC)	指導原則の概要と学習目標例
Content 内容	知識やスキルとして獲得すべき教科やテーマを決める。 例）日本で起こる災害にはどのようなものがあるかを書き出す 　　地域で過去にどのような災害があったかを確認する
Communication 言語 （言語知識の学習・言語スキルの学習・学習を通した言語使用）	内容を理解するために必要な語彙、表現、文法などの言語知識（language of learning）と、議論の仕方や意見の述べ方などの言語スキル（language for learning）を学び、学習を通した言語使用（language through learning）を行うことで、目標言語の獲得を促進する。 例）言語知識：語彙（災害・避難所・緊急地震速報・震度、など） 　　　　　　　文法（〜べき、〜たほうがいい、など） 　　言語スキル：情報をまとめる、意見を述べる
Cognition 思考	暗記や内容理解などの低次思考力と、内容分析や評価、解決策の提案などの高次思考力の両方を伴う活動を行う。 例）過去の災害発生時の状況と教訓を共有し、分類する 　　地域で災害が発生したと想定し、必要な備えを提案する
Community/ Culture 協学・異文化理解	異なる意見や経験を共有するため、ペアやグループワーク等の協働的な活動を多用する。国際理解や異文化理解を促進する。 例）グループで協力して実現可能な活動のアイデアを提案する 　　グループでプレゼンテーションを作成し、発表する

　教師は、まず「内容」「言語」「思考」「協学・異文化理解」という4つの指

導原則に基づき、何を教えるのかというシラバスや学習目標を定めます。次に、その内容を学習するためには、どのような言語形式や談話、タスク、授業活動が効果的かを検討します。そして、どの活動で低次思考力あるいは高次思考力のどちらが必要なのかを考えます。低次思考力とは、語彙や文法を暗記したり、テキストの内容理解などに関する思考力のことです。高次思考力とは、テキスト内容を分析する、評価する、提示された質問に自分なりの視点を加える、解決策を提案するなどの思考力のことです。実際には、まず活動に必要な教材を収集、分析し、どのような活動に発展させるかを考えるところから始めます。

課題3

　CLILの授業では、生教材(真正性の高い素材)を使用してインプットを与えることが推奨されています。表1の内容で「防災」をテーマに授業を行う場合、どのような生教材が使えるでしょうか。具体的な例を挙げ、どのような学習目標を設定してその素材を用いるのか、考えてみましょう。

ヒント

　生教材(真正性の高い素材)の例として、音楽、新聞紙、パンフレット、映像、実物、写真、ゲスト・スピーカーなどがあります。

　例えば、地域の防災に詳しい防災士や被災経験者をゲスト・スピーカーに招いて、過去の災害についてお話を伺い、災害の分類や必要な備えを提案するという活動(→表1の「思考」を参照)を行い、ゲスト・スピーカーからコメントをもらう試みについて想定してみましょう。学習者は、災害や防災について、真正性の高い豊富なインプットを受けることで、言語と内容の両面から理解を深めることができます。さらに、学習者用にコントロールされた教材ではなく、生の素材が理解できたという自信は、学習者の学習動機をさらに高めてくれるでしょう。

　CLILは、教師から学習者への知識伝達だけでは授業が成功したとは言えず、学習者自らが主体的に活動に参加し、高次思考力を働かせることや、他者との学びを実現することを重視しています。そうした意味に焦点をあてた流れの中で、随時、フォーカス・オン・フォームを行うことで、L2習得に貢献するこ

とができるのです。

4. まとめ

　本章では、フォーカス・オン・フォームの考えに沿った指導法として TBLT と CLIL を紹介してきました。TBLT と CLIL は共通する SLA 理論に支持される部分が多く、TBLT は CLIL の形態の一つとしてみなされる場合もあります。

　それぞれのアプローチが生まれた背景は異なりますが、どちらも時代や学習者のニーズ、SLA 研究の発展とともに支持されてきたといえるでしょう。ただし、畑佐（2018）ではアジア圏における教授アプローチの変革について、言語教育理論を牽引してきた欧米圏に比べると遅いと指摘されています。特に日本国内における初級日本語教育は、今も文法を重視した指導法である PPP が主流となっています。

　奥野（2019）では、内容と言語の両方を重視した教育の可能性として、共に生きる他者とさまざまな事象に対し自己をどのように位置づけ、いかに対話を図っていくのか、その術を学ぶ場の創出を期待しています。学習者のニーズに応じて、多様なアプローチに対応できる教師の育成も今後の課題といえるでしょう。

もっと知りたい人へ

○『日本語教師のための CLIL 入門』奥野由紀子（編著）・小林明子・佐藤礼子・元田静・渡部倫子 （2018／凡人社）

○『第二言語習得について日本語教師が知っておくべきこと』小柳かおる（2020／くろしお出版）

○『超基礎 日本語教育』森篤嗣（編著）・太田陽子・奥野由紀子・小口悠紀子・嶋ちはる・中石ゆうこ・柳田直美 （2019／くろしお出版）

コラム 11

「あ！　地震！」の前に私たちができること

　皆さんは、大きな災害が起こったときに、何を持って、どこに、どう逃げるかを家族や友人と話し合ったことはありますか。災害発生前や災害時に、リスクについて情報交換したり、対話したりすることによって相手との意思疎通を図ることを「リスク・コミュニケーション」と呼びます。

　2011年の東日本大震災では、7万5千人を超える外国籍住民が突然「被災者」になり、津波の記憶や余震の恐怖を抱えながらの生活を強いられました。日本語が理解できずに逃げ遅れたケースや、早々と避難所を去ったという話を基に、減災のための「やさしい日本語」の考案や使用が進み、行政における多言語表記の案内の準備も進んでいます。

　筆者は2018年に起こった平成30年7月豪雨の際に広島で被災しました。幸い、自宅や家族に大きな被害はありませんでしたが、1時間半前に走ったばかりの道路が陥没・浸水してなくなってしまったのを知ったときには「巻き込まれていたかも」と震えが止まりませんでした。そんな中、知り合いの留学生や研修生に安否確認の連絡をしていると、その多くが「避難所があるのは知っているが、行くのが怖い」と感じていることがわかりました。住んでいたアパートの周辺が浸水したベトナム人研修生たちは、一部屋に身を寄せ合い、不安なまま一睡もせずに一晩を過ごしたそうです。

　考えてみれば、日本語学習者に対する防災・減災教育は、教師と学習者だけの空間で行われることが多いです。中には冊子の配布など、一方的な情報提供のみで終わることもあります。防災には備えが大切だといわれますが、日頃から近所に住んでいる外国籍住民の方とリスク・コミュニケーションをとっておくことは、誰でもいますぐにできる備えだと言えます。

第**12**章 SLAと評価

この章のポイント！

「評価」にはいろいろな意味がありますが、この章では日本語教育を用いて SLA 研究を活かした教育実践における評価（アセスメント）に注目します。第 10 章、第 11 章で学んだ教室での練習や指導法によって習得できたかどうかを、どのような評価法を使ったら確かめることができるでしょうか。実は、「評価が大事なのはわかるけど、ついつい次の授業の準備を優先してしまう」「そもそもテストの得点をどうやって語学の学習に活かせばいいかわからない」など、評価は難しいと思っている人が少なくありません。この章ではたくさんの専門用語が出てきますが、L2 習得のためのより良い評価について考え、評価のイメージを変えることから始めてみてください。

☑ **キーワード**
自己評価、ピア評価、波及効果、妥当性、評価基準、CEFR、真正性、信頼性、ピア・レスポンス、代替的アセスメント

1. なぜ評価するのか

　評価の目的は、いつ評価されたかによって異なります。ある授業で学習を始めるときに、どのくらい準備ができているかを調べるために行うのが**診断的評価**（diagnostic assessment）です。診断的評価の結果によって、授業に無理なく参加できる適性があるかを判断したり、習得状況に合わせたクラスに分けたり、L2 使用者の学習目的（ニーズ）や個人差に応じて授業の目標や指導方法を調整したりします。診断的評価の方法は、クラス分けのためのテスト（プレースメント・テスト）だけではありません。アンケートや面接などでも L2 使用者の情報を集めることができます。

　授業が始まると、途中に小テストや中間試験などを用いて**形成的評価**（formative assessment）を行います。形成的評価は、L2 使用者の習得状況を調べるために行います。形成的評価の結果を基に、教師は指導法を、L2 使用者は学

153

習方法を見直すことができます。そのため、形成的評価は、**学習のための評価**と呼ばれています。また、診断的評価と同じように、小テストや中間試験だけでなく、宿題などの提出物や面接、アンケート、教師による観察、L2 使用者自身による**自己評価**、L2 使用者同士で行う**ピア評価**など複数の方法で情報を集めて形成的評価を行います。L2 使用者が形成的評価に積極的に関わり、自分自身の習得状況を把握して、その後の学習方法を調整するような場合は、**学習としての評価**と呼ばれます。なお、第 9 章で紹介した DLA (「外国人児童生徒のための JSL 対話型アセスメント DLA」)のように評価そのものが学習機会となる場合は、その目的に関わらず学習としての評価だといえます。

　すべての授業が終わるときには、期末テストや期末レポート、出席状況、授業の成果物をまとめたもの(**ポートフォリオ**)などで**総括的評価**(summative assessment)を行います。総括的評価を基に、すべての授業を通して、どの程度習得できたかという学習成果を確認し、成績をつけたり、修了認定をしたりします。そのため、**学習の評価**とも呼ばれています。また、総括的評価、L2 使用者による授業評価、L2 使用者とその関係者(養育者、研究指導担当の教員、企業の人事担当者など)に対するアンケート調査などによって、いくつかの授業が集まったプログラム(教育課程)全体に対する意思決定(**エバリュエーション**)が行われます。

課題 1

① 教室で外国語(L2)を学んでいた(学んでいる)とき、どのような評価を受けたか思い出してみましょう。いつ評価されたか、どのような方法の評価だったか、評価されてどんな気持ちになったか、そして、その後の外国語の学習がどうなったのかをワークシートに書いて、周りの人やグループで報告し合いましょう。

② ワークシートに書いた評価が、診断的評価、形成的評価、総括的評価のうち、どの目的で行われたものか、考えてみましょう。
　　　　　　➡ワークシートは「超基礎 SLA website」よりダウンロード

2. なにを評価するのか

外国語の授業で評価するのは、外国語能力だけだと思うかもしれませんが、そう単純ではありません。これまでの章で学んできたように、習得状況はL2使用者のL1や年齢、個人差、環境、社会、文化、言語学習の目的、L2の学び方、指導法やこれまでの経験などさまざまな要因から影響を受けます。これらの要因は、習得状況を示す評価の結果にも影響を与えます。例えばテストを受けたときの環境や受験者の体調、言語能力以外の能力などが誤差として得点に影響を与え、その結果、習得状況を正しく評価できないということも考えられます。

さらに評価の難しさは、評価される側であるL2使用者だけでなく、評価する側の教師や評価の結果を見るL2使用者の関係者（上司、指導教員、養育者など）もこれらの要因の影響を受けて、評価の結果を解釈するという点です。ここで、世界最大規模の日本語の能力を測る試験である、日本語能力試験を例にとって考えてみましょう。

例えば、あなたが教師だとして、L2使用者のAさんが入社を希望する会社への推薦書を頼まれた場合、授業の最後に行った期末テストなどの結果から総括的評価を行い、日本語能力試験のN2レベル程度と書いたとしましょう。N2レベルという評価結果を聞いたその会社の人事担当者は、「N2レベルということは、日常的な場面で使われる日本語は理解でき、さまざまな生活場面でもある程度理解することができるはずだから、仕事をするには困らないに違いない、採用しよう。」と判断したとします。しかし、ここで評価の材料となった日本語能力試験は、「聞く」と「読む」という言語行動がどの程度できるかを測る試験であり、「話す」と「書く」についてはAさんの自己申告を基に、どの程度できるかを予想しているだけです。人事担当者は、日本語能力試験では「話す」「書く」の能力が測られていないことを知らなかったために、Aさんを採用してみてはじめて、日本語の資料を集めて理解することはできるけれど、プレゼンテーションの準備にとても時間がかかることがわかったということも起こります。

このように、評価の結果を見る人たちの間で「N2レベル程度の日本語能

力」の解釈のずれはよく起こります。なぜなら、言語能力は目に見えないし、触って確かめることもできないからです。正体のわからない言語能力の評価の結果がうまく活用されない場合、困るのはL2使用者です。Aさんは自分が日本語でプレゼンテーションするには時間と支援が必要だということがわかっています。それなのに、先輩や上司からは、「うちの会社に入れたなら、できて当然のことがなぜできないのか。」と責められるかもしれません。課題1で外国語の評価でネガティブな気持ちになったと書いた人は、言語能力の解釈のずれが原因だったかどうか考えてみてください。もしかしたら、言語能力ではなく、授業をまじめに聞いていたか、教師が喜ぶようなことを答案に書いていたかを評価されていたかもしれません。逆に、評価されてポジティブな気持ちになったことがある人は、思ったより低い得点であっても、その評価で提示された言語能力が妥当だと納得したはずです。また、こうした経験が、その後の外国語の学習にも影響を与えたのではないかと思います。このように、評価によるさまざまな影響を**波及効果**（washback effect）といいます。教師は良い波及効果が生まれるような方法で、評価をしたり結果を伝えたりする必要があります。

3. どう評価するのか

教育現場では、さまざまな方法で情報を集めて評価をします。より良い形成的評価のために最も大事なことは、何をどう評価するかを明確にすることです。

課題2

SLA研究を活かした教育実践における到達目標が「L2を使用して大学でプレゼンテーションができる」である場合、その到達目標が達成できたかを確かめるために、どのような方法でどのような情報を集めて形成的評価をしたら良いかを周りの人やグループで話し合ってみましょう。

➡ワークシートは「超基礎SLA website」よりダウンロード

到達目標が達成できたかを評価するためには、「L2を使用して大学でプレゼンテーションができる」かどうかを判断できる十分な情報を集めなければなり

ません。このように、十分な情報を集めることができる評価方法かどうかを検討するための指標を**妥当性**（validity）といいます。「L2 でプレゼンテーションができるかどうか」を判断するためには、「プレゼンテーションの原稿を書かせる」という方法だけでは、十分な情報が得られないので妥当性が高いといえません。また、その原稿をプリントアウトして、棒読みすることが良いプレゼンテーションとはいえないでしょう。一方で、授業の到達目標が「L2 を使用して大学でプレゼンテーションをするための資料を収集し、原稿を書くことができる」であれば、妥当性は高くなります。

　もし、課題 2 で「実際に L2 でプレゼンテーションをしてもらう」という方法を選んだ場合、比較的妥当性は高いといえます。一度プレゼンテーションを聞いただけでは忘れてしまうので、十分な情報を得るために録画します。では、そのプレゼンテーションの録画からどのような情報を集めたらいいでしょうか。第 11 章で学んだ CLIL の場合、4 つのCの枠組みを使って以下の情報を集めます。

- プレゼンテーションで聞き手に伝える内容について知識があるかどうか
　　　　　　　　　　　　　　　　　　　　　　　　　　　　　　　［内容］
- 資料をわかりやすくまとめてスライドを作れるかどうか［言語］
- 聞き手にわかりやすく説明できるかどうか［言語］
- 複数の資料を比較して違いを説明することができるかどうか［思考］
- ほかの人の考えに関心を持つことができるかどうか［協学・異文化理解］

　これらの情報は、**評価基準**（評価項目、評価の観点、採点基準など）と呼ばれ、一般的に A〜D、優〜不可、100 点〜 0 点といった目に見える形にして解釈します。課題 2 での到達目標と評価基準が一致しているかどうか確認してみてください。一致していなければ、その評価は妥当性が高いとはいえなくなりますし、教育実践の中身を見直す必要もあるかもしれません。これが、評価と教育は表裏一体といわれる理由です。

　到達目標を記述することは、簡単なようでいて実は難しいのです。繰り返しになりますが、正体のわからない日本語能力を言語化しなければならないからです。そこで注目されたのが、CEFR（Common European Framework of Refer-

ence for Languages；ヨーロッパ言語共通参照枠）です。CEFR は、L2 使用者や
その関係者、教師がお互いの言語能力観を共有することを目的に作られた枠組
みで、A1、A2、B1、B2、C1、C2 の 6 つの段階ごとに、L2 で何ができるかを
記述した文（**Can-do statements**）で構成されています。日本語教育の分野では、
国際交流基金が CEFR の枠組みを参照して、「JF 日本語教育スタンダード」と
いうコースデザイン、授業設計、評価を考えるための枠組みを作り、「みんな
の Can-do サイト」でたくさんの Can-do statements を公開しています。課題 2
のプレゼンテーションについても、A1〜C2 までの Can-do statements を検索す
ることができるので、レベル別にどのような記述がされているか調べてみてく
ださい（→巻末「参考URL」参照）。

　こうした、おおまかな枠組みを用いることで、言語教育の専門家でない人も
到達目標をイメージしやすいという利点があります。また、CEFR は、言語教
育の目的を L1 使用者のように言語を使うことではなく、社会で自律的に行動
するためのタスク遂行能力を育成することだと提唱しています。ここでのタス
クとは、日常生活において人が何かを実現したいときに行う行為のことを指し
ており、CEFR を参照した教育実践はより高い**真正性**（authenticity；オーセン
ティシティ）が求められます。この真正性は、より良い評価かどうかを検討す
る指標でもあります。この教育実践でテストを用いて評価する場合、テストに
解答することが実際の言語使用に近いかどうかで真正性の高低が決まります。
具体的には、以下のことを検討します。

- 日常生活に近い方法で解答できるか
- L2 使用者のニーズに合っているか
- L2 使用者自身のことについて解答できるか
- 実際の言語使用と同じような方法で解答できるか

　言語能力観を共有しやすい CEFR を活用することで、教師はより真正性の
高い到達目標の設定と真正性の高い評価を行うことができるのです。

課題3

　課題2で考えた評価方法の妥当性と真正性を高めるために、どのような工夫が必要ですか。周りの人やグループで話し合ってみましょう。

➡ ワークシートは「超基礎SLA website」よりダウンロード

ヒント

　下記の評価基準の真正性は、あまり高くありません。その理由を考えてみましょう。

- 「〜と」「〜たら」「〜ば」を使い分けて話すことができる。
- 友だちについて日本語で作文を書くことができる。

　評価基準を考えることが難しいと感じるのは、L2使用者の言語能力が想像できないからかもしれません。CEFRを参照して作られた教科書『まるごと』『いろどり』（国際交流基金）の到達目標とシラバス（語彙、文型、機能、場面、タスクなどの提示順序）や、評価基準を公開している評価法、DLAのマニュアルと紹介ビデオ、OPI（Oral Proficiency Interview；面接官と一対一で行う口頭テスト）のウェブサイトや受験者の音声データなどを参考に、自分自身の言語能力観を再考するところから始めてみるといいでしょう（→巻末「参考URL」参照）。

4. L2使用者による評価

　長い間、評価は教師がすべきだという言語教育観が主流でしたが、SLA研究や評価に関する研究の成果によって、近年、L2使用者が自分で積極的に評価に関わり、自分の言語能力を知ることが習得につながるという考え方が広まっています。例えば、TBLT（→第11章参照）のタスク「風邪で期末試験を受験できないことを先生に伝え、追試やレポートで単位をもらえるよう交渉する」をメールで行う場合を考えてみましょう。まず、よくある授業では、お手本となるメールが提示され、新しい語や文法の説明と練習をし、自分でメールを書き、それを教師が添削するという流れになると思います。次に、Can-do statementsによる自己評価、**ピア・レスポンス**（peer response；L2使用者同士で行う学習としての評価）、ポートフォリオを取り入れた作文授業の流れを紹介します（→

表1）。ポートフォリオに保管していくものの例も表中に示します。

表1　L2使用者による評価を取り入れた作文授業の流れ

	L2使用者の活動	教師の活動
授業開始前		成績にかかわる情報をあらかじめ決めておく。 例）ポートフォリオの提出率、期末テストの得点
授業開始直後	・「風邪で期末試験を受験できないことを先生に伝え、追試やレポートで単位をもらえるよう交渉する」というメールを書くことができるかを評定する（Can-do statements）。 ・自分の力でメールを書いて、ポートフォリオに保管しておく。	・ポートフォリオを読んで、授業の活動内容（プレタスク、語や文の練習など）を調整する。
授業中	・L2使用者同士でお互いのメールを読み合い、情報提供や意見交換をしながら、よりよいメールに修正する（ピア・レスポンス）。 ・修正のポイントを記録して、校正時のチェックリストを作る。 ・チェックリストをポートフォリオに保管しておく。	・L2使用者の活動を支援する。修正のポイントを全員に共有し、練習する。必要ならば、修正のポイントをメール採点時に用いる評価基準に取り入れる。
授業後	・修正したメール、校正時に用いたチェックリスト、Can-do statementsの評定、授業開始直後に書いたメールと比較して気づいたこと（振り返り）をポートフォリオに保管し提出する。	・ポートフォリオの提出率の記録、2回目のメールを採点し、フィードバックする。 ・ポートフォリオの内容から、復習内容を検討する。
期末テスト	・再度メールを書き、Can-do statementsを評定する。 ・期末テストで書いたメールを授業開始直後、授業後のメールと比較して気づいたことをポートフォリオに保管しておく。	・期末テストの採点を行う。 ・期末テストとポートフォリオの内容から、次期の授業について再検討する。

　このような、L2使用者が主体となって教師と協働で行う評価を**代替的アセスメント**（これまでの教師主体のアセスメントに代わる新しいアセスメント）と呼びます。代替的アセスメントの最大のメリットは、L2使用者が自身の能力

を評価する力を高めることによって、学習意欲を継続し、自律的な学習の後押しをしてくれることだといわれています。ただし、代替的アセスメントを活用した授業で注意することが二つあります。一つ目は、L2使用者が安心して評価できる環境を作るということです。授業開始直後のメールにNTLがたくさんあっても気にならないような、敬意を持ってお互いのメールを修正できるような雰囲気作りが大切です。二つ目は、L2使用者が納得できる修正ポイントや採点結果を示すということです。メールを書く、口頭で交渉するなど、正解が一つではないテスト問題の場合、採点者によって得点が異なります。同じくらいの能力があるのに、ある人はA（90点）で、ある人はC（70点）というように、得点がころころ変わってしまうようなテストは信頼できません。

　表1のような書く問題や話す問題は、妥当性と真正性が高く、**信頼性**（reliability）が低くなりがちです。信頼性とは、テスト得点が信頼できるかどうかを示す指標です。書く問題や話す問題の信頼性を高めるには、採点しやすい評価基準を作ること、少なくとも2名で採点すること、2名の採点が一致するように評価基準の修正を行いながら採点することが必要です。どうしても2名の採点者が確保できない場合は、1名の採点者が少し日を空けて2回採点し、一致していない評価基準を検討した上で、もう一度採点します。

　正解が一つしかない漢字、文法、読解、聴解テストなどの多肢選択問題（複数の選択肢の中から正答を選ぶ問題）の場合も注意が必要です。例えば、漢字の多肢選択問題が三つしかなく、あなたの得点が満点だった場合、十分な漢字の力があると信じ切れるでしょうか。また、漢字の多肢選択問題が10問程度あっても、受験者全員が10点満点だったり0点だったりすると、その漢字テストは信頼できません。さらに、合計得点が10点満点で9点の受験生が正答できなかった問題は、難しすぎたか錯乱肢（多肢選択問題の正答以外の選択肢）が不適切だったことが考えられます。このようなテストは、**内部一貫性**（internal consistency reliability；信頼性の一つ）が低いと言われます。内部一貫性を高めるには、問題数を多くすること、受験者の合計得点がばらつくような問題にすること、合計得点の高い受験者が低い受験者よりも出来ていない問題（合計得点の低い受験者が高い受験者よりもできている問題）が無いかどうか確かめることが必要です。

以上のような一致率(カッパ係数)や内部一貫性(α係数)を示す数値は、無料のウェブアプリ（Langtest.jp など）で簡単に計算できるようになっています(→巻末「参考URL」参照)。自作のテストを用いる場合は、かならず事前に試行して、十分な信頼性かどうかを検討するといいでしょう。

課題4

課題2で考えた評価を実施するために、どのような準備が必要ですか。ワークシートの実施計画書を完成させ、その妥当性、真正性、信頼性、波及効果をどのように検討したかを書いてください。その後、ほかの人の実施計画書と交換し、その人の同僚のつもりで計画通りに実施が可能か話し合ってみましょう。

➡ ワークシートは「超基礎 SLA website」よりダウンロード

5. まとめ

テストを試行し、信頼性を低くしている問題が見つかったら、何が原因かを検討しなければいけません。その作業は、とても面倒に思えるかもしれませんが、L2 使用者の NTL から学べることが多いように、修正すべきテスト問題から学べることも多いです。漢字の成績が良い L1 中国語使用者がつい誤って選んでしまった選択肢は、中国語に似た形の漢字で日本語とは意味や音の違う漢字だったからかもしれません。形成的評価のための漢字テストであれば、L2 使用者にフィードバックすることで、漢字習得につながります。漢字のテスト得点、メールのテスト得点、プレゼンテーションのテスト得点を知らせるだけでなく、その得点の意味を L2 使用者に伝え、次の学びに活かすためのサポートをするまでが教師の仕事だと思います。

ただし、一人の教師の仕事とするには荷が重いのも事実です。多肢選択問題の作成経験者、書く力や話す力の採点経験者、テスト得点の分析経験者と協力して、評価の計画、作成、実施、L2 使用者へのフィードバック、計画の再検討という流れを経験することから始めると良いでしょう。また、協力者という人的リソースだけでなく、L2 使用者が実力を発揮できるような環境(教室や機器など)、正解が一つの採点が簡単にできるシステムなど、さまざまなリソー

スのための予算を、よりよい評価と学習のためにプログラム全体に働きかけて検討し、工面することも必要です。近年、遠隔授業が増えており、同時に遠隔評価のニーズも高まっています。妥当性、真正性、信頼性が高く、その後の学習にプラスの波及効果をもたらす遠隔で実施できるテストを実現するためには、時間とお金がかかります。さまざまな状況下で、少しでもより良い評価ができるよう検討し続けることが大切でしょう。

　対面授業でも遠隔授業でも、なぜ評価するのか、何を評価するのか、その評価はL2使用者の役に立つのかを考えることから始めてみてください。評価は簡単ではありませんが、皆さん自身の学習の味方にもなってくれるはずです。

もっと知りたい人へ

- ○ 『日本語教師のためのCEFR』奥村三菜子・桜井直子・鈴木裕子（編）（2016／くろしお出版）
- ○ 『OPIによる会話能力の評価―テスティング、教育、研究に生かす―』鎌田修・嶋田和子・三浦謙一（編）牧野成一・奥野由紀子・李在鎬（2020／凡人社）
- ○ 『外国語教育研究ハンドブック―研究手法のより良い理解のために―［増補版］』竹内理・水本篤（2023／松柏社）
- ○ 『日本語の習得を支援するカリキュラムの考え方』畑佐由紀子（2018／くろしお出版）
- ○ 『日本語教育叢書「つくる」テストを作る』関正昭・平高史也（編）村上京子・加納千恵子・衣川隆生・小林典子・酒井たか子（2013／スリーエーネットワーク）

その「日本語能力」の評価、正しい？

　日本人は「日本語能力」をどのように評価しているのでしょうか。あなたは日本語能力が高い人とはどんな人だと思いますか。そう質問すると、多くの日本人が「敬語が正しく使える人」「難しいことばを使って話せる人」「コミュ力^{りょく}が高い人」のような答えが返ってくることが多いです。

　近年、日本国内でも L2 日本語使用者を雇用する企業が増えてきました。多くの企業がこうした「日本語能力」の高い人材を求めており、面接などの評価を経て採用しています。しかし、その時の評価の対象は、L2 日本語使用者の能力の一部、例えば、時間をかけて準備したレポートや面接対策の話す力です。入社後、話す力に比べて読む力が低く、会社の重要な書類が理解できないことが気づかれないまま重大なトラブルが起こってしまい、裁判などに発展してしまうケースもあるそうです。日本人の多くは、英語は読めるけど話せないという自己評価をする人が多いように感じます。中学や高校の授業で話す練習が十分できないことからでしょう。この自己評価を全ての L2 日本語使用者に当てはめて、「これだけ流暢に話せるんだから、難しい文書も読めるだろう」と思い込んでしまうのかもしれません。

　実際には、すべての技能がバランスよく直線的に伸びていくことはほとんどありませんし、時と場合によって発揮できる力も変化します。私は英語の学術論文をかなりのスピードで読むことができますし、しっかり準備をすれば英語で学会発表はできますが、質疑応答で予想外の質問をされると急に話す力が落ちるのを感じます。

　目に見えない「日本語能力」を評価するとき、特に、その評価で誰かの人生が変わってしまうようなときは、自分が何を判断材料にして評価したのかを考えてみてほしいと思います。

第13章 SLA 研究の方法（1）
―研究のタネを見つけて育てよう

1. 身近な疑問から始めてみよう

皆さんは、周囲の L2 日本語使用者と接していて気づいたことはありますか。あるいは自分の外国語学習について何か疑問に思ったことがありますか。ここでは、三人の学生が疑問に思ったことを報告します。まずは、その話を聞いてみましょう。

ユウキさん談

知り合いの留学生が、最近日本語でのやりとりをスムーズにできるようになってきています。母国では日本語を習っていなかったそうで、半年前、交流パーティで話をしたときには、何を聞いても困った顔で「わかりません。」と言っていたのに。外国人が日本語を習い始めて、上手に使えるようになるには、どのぐらいの時間がかかるのか気になります。

アカリさん談

ボランティア教室で私が担当している日本語学習者は、話しているときに「ある」と「いる」を何度も間違います。どうすれば正しい言い方を身につけさせられるか、教え方を悩んでいます。

私は英語の先生が面白くて大好きでした。それで英語をよく勉強しました。日本語を勉強している人も、先生が好きな人ほど勉強するのかが気になります。先生が好きだということのほかに、どんな動機があればモチベーションが高まるのかも知りたいです。

リオさん談

三人の話を聞いて、皆さんも自分自身の疑問を考えてみましょう。

課題 1

　皆さんの周囲のL2日本語使用者が使用する日本語の特徴や日本語学習のしかたについて疑問や発見はありますか。グループで話し合ってみましょう。もし、周囲にL2日本語使用者がいない場合は、自分の外国語学習について疑問に感じていることを報告してください。

　これまでの章で見てきたように、SLA研究は人の持つL2習得のプロセスとその使用のメカニズムを明らかにすることを目標としています。このように言うと少し難しく感じるかもしれませんが、SLA研究はあなたの身近な疑問から出発することができます。課題1で皆さんが報告したことが研究のタネになる可能性は十分にあります。ただし、あなたの疑問が良い研究となるためには、その疑問の価値を考える必要があります。ですから、「日本語学習者には、甘いものが好きな人が多い」とか、「日本語教師は目立つ色の車に乗っている」という発見は、話としては面白いですが、ほかの人にとっても情報として価値がある良い研究とはいえません。

　ほかの人にも情報を役立ててもらうためには、研究の意義を考えることが必要ですが、まずは身近な疑問から考え始めることで、良い研究のタネを見つけることができます。「何かわからない現象があるので、解決したい。」、これがあらゆる分野に共通する研究の動機であり、あなたのやってみたいこと、知りたいことです。自分なりのきっかけをしっかり心に留めて（大きく書いて、部屋に貼るのもおススメです）、それを研究の形に近づけていってみましょう。

2. 先行研究を調べてみよう

何かわからない現象を解決するためには、まずその現象の理解につながりそうな情報を収集します。研究を始める際の情報収集の一つとして必要なのが、**先行研究**を調べてみることです。あなたが疑問に思ったことは、ほかの人も興味を持ち、すでに調べているかもしれません。それを確かめるためには、先行研究を調べてみた上で研究を進めることが重要です。論文検索サイトとしては、CiNii Articles や Google Scholar があります（→巻末「参考URL」参照）。

課題2

論文検索サイトで、SLA 研究で自分の興味のあるキーワードについて、文献を検索してみましょう。課題 1 で考えた疑問を基に、キーワードを考えて、それを検索してみても良いでしょう。

先行研究を調べてみると、すでに多くの研究が行われているとわかることがあります。膨大な先行研究リストを目にすると、「もう自分にはやることはない。」と、やる気がすっかりしぼんでしまうかもしれません。しかし、ここであきらめるのはまだ早いのです。ある研究者がわかった、明らかになったと報告していても、じっくりと読んでみると、実はまだわかっていないこと、新しく知りたいことが見つかることが多いのです。ある研究者が「わかった」、「明らかになった」と報告していても、調査の対象が、自分が知りたいL2使用者と違う、調査の方法を別のものにしてみたいなど、さまざまな観点から考えることで、新しい発展のしかたが考えられます。

先行研究は完成形や答えではなく、今の時点で、「確かである可能性が高い」と考えられていることの集合体です。そこには、これから新しく貢献できることがあります。また、見方を変えると、先行研究が存在するということは、あなたの身近な疑問は、ほかの人も意義があると考えて研究しているものだということもわかります。

3. 研究計画の問題点を考えてみよう

先行研究を確認したら、次は自分の研究をデザインしてみましょう。研究で知りたい研究課題をリサーチ・クエスチョン（Research Question：RQ）（以下RQ）と呼びます。これは、この研究を通して自分が明らかにする問いです。

研究で提示するRQでは、その研究であなたが具体的に何をするのかということを、ほかの人にわかるように示して、研究の範囲を明確にすることが必要です。具体的な例を使って考えてみましょう。ユウキさんの話の中では、「外国人が日本語を習い始めて上手に使えるようになるには、どのぐらいの時間がかかるのか」という部分がRQにあたる部分になりそうです。そこで、この疑問について実際に調査できるように具体的にブラッシュアップしましょう。

●ユウキさんの RQ の案（その1）

日本語を学習したことのない人が日本語学習を始めてから日本語を上手に使えるようになるにはどのぐらいかかるのか。

それでは、ユウキさんのRQの案で行う調査がほかの人にイメージできるかどうか、課題3でじっくり見て行きましょう。どのような方法で、どのような学習者を対象にする調査になりそうでしょうか。

👤 課題3

ユウキさんのRQの案（その1）について、具体的に想像できない、あいまいな部分を見つけて下線を引いてみましょう。

ユウキさんのRQの案を使って実際に調査を開始しようすると、いろいろな面でぼんやりとしていることがわかります。それでは、順に見ていきます。

まず「日本語を上手に使えるようになる」という部分です。「日本語を上手に使える」というのはどのようなことをいっているのでしょうか。時々、L1日本語使用者も、自分が日本語を上手に使っていないと気にすることがあります。しかし、ユウキさんのイメージする「上手に」は、これとは異なりそうです。また、「使える」という表現は、4技能（読む・書く・聞く・話す）のどれ

を指すのかわかりません。さらに日本語の使用が公的な場面か、私的な場面か、そして公的な場面に限った場合も、話者が一人で話すスピーチなのか、他の人との会話でのやりとりなのかで、必要な日本語能力は異なります。ですから、「日本語を上手に使える」という部分はもっと詳しく定義づけなければなりません。

　日本語を習ったことがなかった留学生（L2 使用者）の日本語でのやりとりが上達していく様子を見たことがユウキさんの研究の動機なので、「日本語を上手に使える」というところを、「日常的な話題で話をして、簡単な質問もでき、日本語を使って簡単な生活場面に対応することができる」ととらえ直しました。ここで、言語運用能力の客観的基準として、OPI の「ACTFL 言語運用能力ガイドライン」を用いてみましょう。

中級レベルの話者は、主に、日常生活に関連した身近な話題について話しをする際、伝えたいことがらを言語を使って創造する能力によって特徴づけられる。このレベルの話者は、自分自身が意図した考え、伝達したいことを表現するために、習ったことを組み替えることができる。中級レベルの話者は、簡単な質問ができ、簡単な生活場面に対応することができる。単文や連文などの文レベルの談話を発し、それらは現在時制で行なわれることが多い。<u>中級レベルの話者は、非母語学習者の応対に慣れた話し相手に理解してもらうことができる。</u>

『ACTFL 言語運用能力ガイドライン 2012 年版－スピーキング』より（下線は筆者による）

　この判定基準は、OPI という会話能力テストのパフォーマンスを判定する基準です（→第 1 章参照）。この基準によれば、「中級レベルの話者は、非母語学習者（L2 日本語使用者）の応対に慣れた話し相手に理解してもらうことができる。」とあるので、RQ のきっかけとなった、留学生の日本語能力の目標に近いとユウキさんは考えました。そこで、この基準を使って「日本語を上手に使える」という部分を書き直してみることにしました。

　次に「日本語学習を始めて」という部分です。この日本語学習には自習を含むのか、それとも教室で学んだ学習に限るのか、自習を含む場合は、日本語の

動画の視聴や、日本人とのおしゃべりというような外国語学習とは直接関係のない活動も含まれるのか、それとも宿題、辞書や参考書、教科書などを使った学習に限るのかということについても決めておかなくてはなりません。これが決まらなければ、日本語学習の開始時期、学習時間の累計が変わってしまいます。

それから、「どのぐらいかかる」という表現は、日本滞在の年数なのか、学習時間なのか、授業の回数なのか、日本語に触れる時間なのかなど、さまざまな意味を持つので、自分の調べたい期間が何なのかを明記する必要があります。

ユウキさんの研究のきっかけになった留学生は来日以降、英語を使って研究をしながら、大学で開講している日本語授業（1回60分）を週に1回のペースで受講していて、時々、習ったことを復習するために自宅で自習もしているそうです。これらを考えながら書き直してみると、ユウキさんのRQは次のようになります。

●ユウキさんの RQ の案（その2）

　日本語を全く学習したことのない人が日本国内の教育機関で日本語学習をして、OPI中級レベル（日常的な話題で話をして、簡単な質問もでき、日本語を使って簡単な生活場面に対応することができる）に到達するまでに、どのぐらいの学習時間数がかかるのか。

ここで、また、研究対象がぼんやりとしていることにユウキさんは気が付きました。このまま調査する場合、ユウキさんが呼びかけて、協力者として集まってくれた「日本語を全く学習したことのない人」全員を対象にして調査することになります。そうすると、その協力者には、L1、仕事、年齢などにおいてさまざまな属性の人が含まれるでしょう。その場合、どの属性が結果に影響したのか、わからなくなってしまいます。ですから、どんな集団を研究対象とするのか、呼びかける前に範囲を絞ってから行動する必要があります。

もう一つ、研究対象についてユウキさんが気になったことがあります。「日本語を全く学習したことのない人」のL1が中国語の場合と英語の場合では、学習に同じ時間をかけても、同時期に同じレベルに到達しないのではないかと考えたのです。L1と目標言語（この場合日本語）がどれくらい似ているかでL2習得にかかる時間が大きく異なることをユウキさんは自分の経験から想像しま

した。そこで、RQ の案（その 2）をさらに書き直してみました。

●ユウキさんの RQ の案 （その 3）
　日本語を全く学習したことのない人が日本国内の教育機関で日本語学習を
して、OPI 中級レベル（日常的な話題で話をして、簡単な質問もでき、日本
語を使って簡単な生活場面に対応することができる）に到達するまでにかか
る学習時間数は、L2 日本語使用者の L1 によってどのぐらい異なるのか。

　上のように RQ をブラッシュアップすることができました。RQ の案（その
3）の下線部のように、「L1 が違えば日本語を習得するのにかかる時間が異な
るだろう」とユウキさんは自分の経験から考えて書き直しました。しかし、実
はこの部分は自分の経験に基づくとはいえ、本当に L1 の違いによって日本語
を習得する時間に違いがあるのかということについて、まずは検証することが
必要になります。このように、自分の当たり前に思っていることが検証される
ことなく、RQ に組み込まれてしまうことが、実はよくあります。この点を考
慮して、もう少し RQ を書き直してみます。

●ユウキさんの RQ の案 （その 4）
　日本語を全く学習したことのない人が日本国内の教育機関で日本語学習を
して、OPI 中級レベル（日常的な話題で話をして、簡単な質問もでき、日本
語を使って簡単な生活場面に対応することができる）に到達するまでにかか
る学習時間数は、L2 日本語使用者の L1 が英語の場合と中国語の場合では異
なるのか。異なるならば、それぞれどのぐらいの学習時間数が必要なのか。

　RQ の案（その 4）では下線部のように、まず、そもそも L1 によって異なる
のかを問い、次にどれくらい異なるのかを問うというように、二段構えになる
ように問いを設定しました。現実的には、日本国内の教育機関で勉強する L2
日本語使用者の全ての L1 を比べることは無理ですから、上の RQ では、L1 を
英語と中国語に限定しています。どの L1 を調査の対象とするかは、自分の関
心に沿いつつ、先行研究や言語類型の違いなども考慮して決定すれば良いで
しょう。さらに、この調査をもう少し厳密にするならば、複数の日本語教育機
関で調査をした方が良いでしょう。1 校では、学校の教え方などが結果に影響

を与える可能性があるからです。

4. 調査計画を立ててみよう

　さて、第3節で見てきたユウキさんのRQは、RQの案(その4)に落ち着きました。そこで、RQの案(その4)について、調査計画を立ててみましょう。調査計画を立てる場合、以下の部分に関して、最低限、次のような準備が必要です。

表1　RQに沿った調査の準備案

RQの要素	具体的な準備や方法
日本語を全く学習したことのない人	➡ 今から日本語学習を始める人を探す
日本国内の教育機関で日本語学習をして	➡ 国内の複数の教育機関に協力を求める
OPI中級レベル（日常的な話題で話をして、簡単な質問もでき、日本語を使って簡単な生活場面に対応することができる）に到達する	➡ 調査対象のL2日本語使用者にOPIの受験をしてもらう、判定してくれるテスター（OPIの実施、判定ができる人）を探し、協力を求める
学習時間数	➡ 協力してくれた教育機関に授業時間数がわかる資料の貸し出しを求める、調査対象に自宅学習の時間を尋ねるシートを配って記入してもらう
L2日本語使用者のL1が英語の場合と中国語の場合では異なるのか	➡ L1が英語、中国語の協力者を探す

　ここまで明確になったら、調査計画を書いてみましょう。

■ユウキさんの調査計画

＜対象＞

これまでに日本語を全く学習したことがなく、日本国内の教育機関で日本語学習を新しく始める、L1 が英語の L2 日本語使用者 10 名、L1 が中国語の L2 日本語使用者 10 名

＜方法＞

(1) L2 日本語使用者が在籍する日本国内の三つの大学の日本語授業の年間スケジュールと出席簿から、それぞれの L2 日本語使用者の出席したクラスの時間を分単位で集計する。

(2) L2 日本語使用者に自宅学習の時間を書き込むシートを配布して、宿題や自主的な日本語学習を行った時間を記録してもらう。

(3) 各 L2 日本語使用者に 2 カ月ごとに OPI の受験をしてもらう。（テスターはゼミの先輩）

(4) 各回の OPI の判定結果と累積学習時間数を記録し、OPI 中級レベルに達した時点の L2 日本語使用者（10 名）の平均学習時間数を計算する。

　この調査は、明らかにしたいことを数や量に置き換えて、集計できるようにして収集したデータを用いる**量的研究**（quantitative research）の一つです。この調査計画は初歩的なもので、協力者の人数や OPI 受験の頻度が妥当か、OPI レベルが上がる期間が自分の研究スケジュールと合うのか、などという点でもう少し情報を集めて考え直す必要があります。

5. 調査方法の工夫

　次にアカリさんの疑問を見てみましょう。アカリさんは、自分の疑問をきっかけにして、次のような RQ を設定しました。

●アカリさんの RQ

　自分が担当する初級クラスの学習者 15 名が「ある」、「いる」を、どれくらい正確に用いることができるのか。

この RQ を明らかにするために、二つの調査課題を作成しました。

課題4

　　以下の二つの調査課題の難しさは同じでしょうか。そう判断した理由は何ですか。

クイズ①

問い：（　　　）の中のことばから、正しいものを選んでください。

・公園に犬が（あります・います）。

・コンビニの前にポストが（あります・います）。

・机の上に本が（あります・います）。

・駅の前に女の人が（あります・います）。

クイズ②

問い：絵を見て作文してください。

　上の課題のうち、クイズ①は再認課題です。クイズ②は再生課題と呼ばれるものです。**再認**（選択肢から記憶に結びつくものを見つけて選ぶ）より**再生**（答えを記憶から引き出して解答する）の方が難しいといわれます。二つの課題は別の能力を見ています。課題によって難しさは異なりそうだということがわかります。

　アカリさんの RQ は「『ある』、『いる』を、どれくらい正確に用いることができるのか」と表現していました。ですが、用いるのがクイズ①ならば、「『ある』、『いる』を、どれくらい正確に選択することができるのか」となりますし、クイズ②ならば、「『ある』、『いる』を、どれくらい正確に用いて場面描写ができるのか」となります。

　RQ が、自分の用意した調査課題と合っているか確認しながら、その二つにずれが生じないように、RQ と調査のやり方の間を行きつ戻りつしながら調整

すると良いでしょう。研究を計画して、現実的に調査ができそうか考えてから、RQを書き直すこともあります。RQが当初のものと大きくずれてきたら、研究の動機である自分自身の疑問に戻って、そのきっかけから大きくはずれないように、研究の計画とRQを考え直します。

　さて、アカリさんは、より多くの情報を得るために上の二つのクイズをどちらも実施することにしました。先にクイズ①を実施して、次にクイズ②の順で実施したとします。その場合、どんな問題があるでしょうか。

　ここで注意しなければならないのは、順序による結果への影響です。クイズ①によって、解答中に「ある」、「いる」とそれと対応する名詞について確認したことで、続くクイズ②で、それを単独で実施したときよりも良い成績をとるという影響が出ることが考えられます。また、調査が長時間続く場合、疲れてしまい、それが結果に影響するとも考えられます。これは**順序効果**と呼ばれるもので、調査を実施する場合には、調査の順序によって結果に影響が出ることを避けるように計画する必要があります。

　さらに、「ある」、「いる」を調査項目としている上記のクイズは、何を見るための調査なのか、調査の意図や目的を調査協力者である学習者に予想させてしまう懸念があります。ですから、何を調査しているかわからないように、調査目的以外の問いである**ダミー**（フィラーまたはディストラクターとも呼ばれる）を準備し、調査の**ターゲット**をわかりにくくすることがあります。ダミーは例えば、クイズ①であれば次のような問いです。

- 　「こんにちは」と元気に（います・言います）。
- 　食事の後に薬を（食べます・飲みます）。

ダミーを準備した上、さらに調査項目の提出順序をランダムになるように混ぜることで、調査の意図を予想しにくくすることもあります。

　調査研究を実施するときには、見たいところ以外が結果に影響を与えないように注意して慎重に計画を立てる必要があります。また、見たいものだけを本当に測れているか、よく検討する必要があります。研究する側の予想しない（望まない）回答のしかたがあることも考えて、事前に、より小規模な試しの調

査として**パイロット・テスト**（パイロット・スタディ）を行い、調査項目や調査方法の精緻化を行ってから本調査に移るなど、十分な慎重さが必要です。何かわからない現象があるとき、それを理解して解決したい衝動で、すぐにでも調査をしてみたくなるかもしれません。しかし、思いつき、場当たり的に調査を行ってしまっては、見たいものが見えてきません。計画の段階で、考えうる問題は慎重に解決しておく必要があります。

　ここでは、調査の内容を吟味してきましたが、それ以前に、研究を行う際は調査に協力してくれた人にとって不利益がないように計画を立てることも必要です。人が関わる調査研究では、組織内の倫理委員会の審査を受ける必要がある研究機関も増えています。また、調査研究を行う場合、調査に協力してくれた人の厚意に答えられるように、自分の研究について綿密な調査計画と検証を行い、調査後は結果を速やかに公開したいものです。研究結果が専門分野の共有の知として活かせるよう、あなたの研究が次に続く研究の土台となるように客観性を保障する必要があります。

6. まとめ

　本章で見てきたことをまとめると、SLA に関する調査研究の基本的なプロセスは次のように示すことができます。

背景	身近な疑問や発見、悩みがあるので、解決したい。
↓	
先行研究	理解につながりそうな情報を収集する。
↓	
RQ（リサーチ・クエスチョン）	自分が解決したいことに関する問いを立てる。
↓	
調査	データを得て、それを分析する。
↓	
結果と考察	データを客観的に読み取り、報告した上で、その結果の一番適切な説明のしかたを考える。

図1　SLA に関する調査研究の基本プロセス

調査研究を計画するときに、最低限、確認しておくべき項目は次のことです。

調査研究のチェックリスト

[キーワード]
- □ 研究のキーワードの定義が不十分ではありませんか

[方法]
- □ リサーチ・クエスチョンが調査内容と合っていますか

[調査対象]
- □ 調査対象に不自然なかたよりがありませんか
- □ 調査対象と比較できるグループ（比較群または統制群と呼びます）を設定していますか
- □ 調査人数を十分に確保していますか

[材料]
- □ 調査材料にまぎらわしいところはありませんか
- □ 調査材料は目的にふさわしく、見たいものを見ることができていますか

[調査項目]
- □ 調査項目に不自然なかたよりがありませんか
- □ 調査項目数を十分に確保していますか
- □ 調査項目数が多すぎて、協力者の負担になっていませんか

[結果・考察]
- □ 結果の解釈が、ほかの人を説得できる、論理的なものですか

[情報・個人の保護]
- □ データの公開について、調査協力者に許可をもらっていますか
- □ 調査の協力を中断でき、それによって不利益を被ってはならないことを、協力者に説明しましたか

（→巻末付録 2 参照）

量的研究の一つである**仮説検証型**の研究では、研究を始める段階で結果を予測し、それが正しいかどうかを明らかにします。その予測が**仮説**です。その仮説に対して十分な数、かつ、かたよらない数量的なデータを集めて、データ間の差、関係が統計手法を使って確かめられます。

仮説検証型研究では、その結果に関する研究者の主張が正しいことをほかの人も納得できることに加えて、結果がその研究に協力した直接の調査対象に関する記述にとどまらずに、別の集団にも一般化ができることも目指されます。

さらに、研究計画と結果の報告では、同じ手続き（方法）でもう一度、同じ調査を行ったときに、同じ結果が得られるかどうかをほかの人も試すことができるように配慮しなければなりません。

本章では、第1節で研究のタネを示してくれた三人のうち、ユウキさん、アカリさんの RQ を研究にするためにはどうすれば良いか考えました。もう一人のリオさんの疑問は、SLA 研究のもう一つの柱となる質的研究の手法からとらえることができます。質的研究の手法、及び量的・質的手法を取り入れた混合法については第14章で学びます。

もっと知りたい人へ

○『心理学マニュアル研究法レッスン』大野木裕明・中澤潤編（著）（2002／北大路書房）

○『外国語教育リサーチマニュアル Second Language Research Methods』ハーバート・W・セリガー、イラーナ・ショハミー（著）土屋武久・森田彰・星美季・狩野紀子（訳）（2001／大修館書店）

○『改訂版 日本語教育学の歩き方 —初学者のための研究ガイド—』本田弘之・岩田一成・義永美央子・渡部倫子（2019／大阪大学出版会）

コラム 13

大きな象を観察する小人たち

　研究者を、巨大な象のような謎の生き物をずっと観察している小人たちに例える話を学生時代に聞いたことがあります。謎の生き物がどんなものなのか、小人には関心がありますが、観察するターゲットと自分とのサイズが違いすぎて、どの小人からも全体像はとらえられません。

　小人たちは象の鼻を見て「長くてへびのようなものが見える。」とか、耳を見て「いやいや扇のような耳を持っている。」とか、「こちらには、巨大な足跡らしきものがある。その生き物の足跡かもしれない。」というように報告します。けれども、小人たちは小さすぎて、それぞれの報告が完全に一致することはありません。そして、小人たちは、お互いに自分の観察の方が正しい、別の方法では正しくターゲットの実態はつかめないと主張するのです。

　ターゲットが象だとわかって聞くと、先の小人の報告は滑稽ですが、研究の議論が平行線になると、私はこの例え話を今も思い出します。巨大な対象の周囲に集い、何とか本質を知ろうと必死で手がかりを探す研究者。私もそのうちの一人かもしれません。どの位置から何を使って観察するかで、報告されることはずいぶん違うけれども、そのデータを集めれば、総体としては対象そのものの実態に実は近づいているのかもしれません。さまざまな方面から研究を積み重ね、研究者同士がそれを共有する姿勢を継続することが大事です。

（※寓話「群盲撫象」、「群盲評象」をもとにする。）

第14章 SLA 研究の方法（2）
—研究を実らせよう

この章のポイント！

第 13 章では SLA 研究のタネを見つけ、量的データを用いた量的研究を中心に RQ のブラッシュアップ、調査研究の基本的なプロセスについて学びましたが、この章では、量的データに加えインタビューなどの質的データも用いてタネを「研究」として育てる方法について紹介します。SLA 研究で用いられる質的データの種類、集め方、分析のアプローチの方法について学びます。また、量的データと質的データの両方を活用する混合研究法についても紹介します。さらに研究成果を発表したり、シェアする重要性について学びます。

☑ **キーワード**

構成要素、量的データ、質的データ、リッカート尺度、
半構造化インタビュー、量的研究、質的研究、混合研究法、横断研究、
縦断研究、事例研究（ケース・スタディ）、エスノグラフィー

1. リサーチ・クエスチョン（RQ）を立ててみよう

第 13 章では、身近な気づきから研究課題である**リサーチ・クエスチョン（RQ）**（以下 RQ）を立てて調べてみることについて考えました。身近な疑問を実際にデータで答えることのできる RQ にするには、そのクエスチョンに含まれる要素、例えば、「上手く使えるようになるにはどのぐらいかかるのか」の「上手く」とはどのようなことか、「どのぐらい」はどのような時間を指すのかなど、それぞれの**構成要素（construct）**を明らかにする必要があることも、段階を経て見てきました。疑問に思ったままの形で表すだけでは RQ にはならないのです。では、まず、第 13 章で学んだことをふまえて、さらに RQ を考えてみましょう。

SLA 研究はヒトの L2 習得のプロセス、その使用のメカニズムがどのようなものであるか、また、個々人の L2 習得や使用がそれぞれのビリーフ、モチベーション、アイデンティティとどのように関わっているかなどを明らかにす

ることを目標としています。皆さんがこれまでの英語などの外国語を学習したり日本語や英語を教えたりした経験の中で見えてきた問題点や課題から、知りたいことを考えてみましょう。

　ある研究で明らかになったと報告されていても、「そのデータだけでよかったのか、こんなデータもとった方がいい、こんな分析もした方がいいのでは？」という研究方法をクリティカルに検討する視点から、貢献度の高い研究ができることもあります。

2. 研究方法について考えてみよう

　第 13 章のリオさん談で、リオさんは学習意欲が高まる動機に興味があると語っていました。動機づけは、「個人差」の一つであることを、第 5 章で紹介しました。第 5 章も参照して、リオさん談についてどのような RQ を立てることができるか考えてみましょう。リオさんは、英語の先生が面白くて大好きだったので、英語をよく勉強したと語っています。しかし、第 5 章を見ると、「教師に関する要因」が動機づけの減退を起こす要因の一つにもなっています。ということは、教師に関する要因が動機づけを左右するということになるので、以下のような RQ が考えられます。

● RQ：例 1
教師に関するどのような要因が L2 学習の動機づけを左右するのか。

RQ 例 1 に答えるためには、どのようなデータを収集するのが良いでしょうか。

ヒント

まずは、先行研究を参考にすると良いでしょう。第5章では、学習意欲の減退について説明されているので、参照してみましょう。また、「動機づけ」「モチベーション」をキーワードにしてウェブ検索し、論文を見つけてみましょう。複数の論文が見つかれば、それぞれの論文の筆者名をさらに検索し、そのトピックで既にどのような研究がされているか、また、他の筆者の論文で多く引用されているかなどを調べて、参考になりそうな論文から読み、研究方法を様々な角度から探ってみましょう。

菊地（2015）の研究では、英語を学習する高校生 1000 人以上を対象として、学習意欲の減退に関するアンケート（質問紙：questionnaire）を用いた調査を行いました。1,000 人も対象にするのは難しいですが、アンケートを作成して、日本語学校で日本語を学習する 30 人ぐらいの学生に答えてもらうことはできるかもしれません。言語学習の動機づけに教師がどのように影響するかを調べたい場合、教師が学習意欲を高めたことがあるか、減退させたことがあるかという項目に分けて、「はい」と答えた人に、それぞれについてより具体的に聞いてみることが考えられます。菊地（2015：55-56）は、学習意欲の減退要因を調べるために、先生について以下のような項目を含む全 40 項目に、1 ＝全く当てはまらない、2 ＝当てはまらない、3 ＝当てはまる、4 ＝とても当てはまる、で回答を求めました。このような回答方法を**リッカート尺度**（likert scale）といいます。

- 先生の説明がわかりにくかったから
- 先生の英語の発音が悪かったから
- 先生が感情的にどなったり怒ったりしたから
- 先生と相性が合わなかったから
- 先生が文法的に正確な英語を使うことを求めたから

これらを参考に学習意欲を高める項目に書き換えると、以下のような項目が考えられます。

- 先生の説明がわかりやすかったから
- 先生の英語の発音が良かったから
- 先生が褒めてくれたり励ましてくれたりしたから
- 先生と相性が合ったから
- 先生が文法的に正確な英語を使わなくても気にしなかったから

　しかし、これだけではリオさんが言っていた「先生が面白い」かどうかについてはわからないので、先生の面白さに関する項目を加える必要があります。学習意欲が減退したことがある場合は、「先生がつまらなかったから」、学習意欲が高まった場合は、「先生が面白かったから」と大まかに聞く、もしくは、もう少し細かく、「先生の説明が面白かったから」「先生の経験談が面白かったから」「先生が冗談などを言うので面白かったから」「ゲームなどの面白い活動を計画してくれたから」のような項目を作ったりすることもできます。

　どのような項目が学習者の動機づけと関係するかを探る場合、どのぐらい学習に意欲があるかについての質問項目（例えば、「宿題を必ずした」「できるだけ毎回予習をした」など）も加えて、その数値との相関関係を統計的に分析することも考えられるでしょう。このような手法が**量的研究**（quantitative research）です（→第13章参照）。しかし、量的研究の方法だけではわからないこともあります。

　同じ授業の中でも、先生が面白い話をして授業の雰囲気が和やかになったあとに発言する学生が増えたり、ある学生が先生に褒められたあとに他の学生も積極的に参加したりするかもしれません。逆に、ある学生が先生に自分の発話を直されたあとはあまり発言しなくなるということがあり得ます。このように授業中の学生を観察して記述し、データをとる方法もあります。**フィールド・ノート**と呼ばれる記録ノートには、「A：出来事や発話、表現、行動、雰囲気などの事実」、「B：そのときに観察していてどのように思ったり感じたりしたのか」という主観的な部分を書き留めることの両方が重要です。ノートの左側にAを、右側にBを記すとあとで見返して考察したり、文章にしたりする際にも

役立ちます。それをすることで、授業内の学生の意欲や態度を調査することもできます。また事実だけをその場で書き記し（A）、思ったこと（B）はあとで忘れないうちに記述しても良いでしょう。

○年○月○日 A 　　A：出来事や発話、表情、 　　　行動、雰囲気などの事実を書く。 　　　時間も書いておくといい。 例 13：15 ・教師が文法を説明すると、2、3秒の沈黙の後、「あ〜」と納得するような様子。 13：40 ・グループのメンバーに「すごい！」と褒められて、恥ずかしそうに笑顔を見せた。クラスの雰囲気、和やか。	B 　　B：Aに対して、観察者や調査者が思ったことや感じたことを書く。 例 ・インプットによって、かたまりとして知っていた表現の文法的な意味が理解でき、腑に落ちたのではないか。 ・クラスが居場所として感じられてきているのかもしれない。

図1　フィールド・ノートの例

　フィールド・ノートや授業の様子を撮影したビデオは質的データですが、このような質的データは、量的にも質的にも分析できます。特定の学生の発言の回数や長さの分析なら量的な分析ですし、記述を重ねて結果を導きだし、どのような参加がなされたかという視点からの分析は質的な分析となります。何をもって「質的」ととらえるかは第3節で詳しく述べます。

　動機づけの調査には、ほかにはどのような方法、どのようなデータの収集が考えられるでしょうか。リオさんは、英語の先生が面白くて大好きだったのでよく勉強したそうです。どのように面白かったのか、リオさんに詳しく話を聞いてみたいと思いませんか。また、30人の日本語学校の学生に動機についてのアンケート調査に協力してもらった場合、人によって全く異なる傾向が見受けられるかもしれません。その場合、アンケートに答えてくれた人のうち数人に会って、話を聞いたり、インタビュー調査をしたりするのがよさそうです。それによって、アンケートの項目にない、意外な要因がわかるかもしれません。

課題3

　インタビュー調査をすると決めたら、どのような準備が必要でしょうか。
考えてみましょう。

　インタビュー調査の前に、どのようなことについて質問すれば、RQ に答え
られるのかを考えておく必要があります。そのためにはアンケート項目だけで
はわからず、実際に話を聞かないとわからないのはどのようなことかを把握し
ておく必要があります。また、話を聞きながら、更に突っ込んだ質問もしたく
なるかもしれません。このように、事前に質問を準備しておくけれど、場合に
応じて、追加で質問をするインタビューを**半構造化インタビュー**（semi-structured
interview）と呼びます。これまで動機づけ研究は、アンケート調査で行われる
ことが多かったですが、インタビューで個々人がどのような文脈、状況の中で、
どのように動機づけが変わったかを知ることにも意義があることが報告されて
います（Ushioda 2009）。このようなインタビューデータは文字化して丁寧に何
度も読み、どのようなことが語られているかを判断して分析することが多いで
す。これも**質的研究**（qualitative research）の手法の一つです。

　このように量的研究と質的研究の両方の方法を活用して、データを収集、分
析し、結果を統合して、推論を導きだす研究を**混合研究法**（mixed methods）と
呼びます（→第3節参照）。

　今度は、データを量的にも質的にも分析し、半構造化インタビューも行った
研究の例を見てみましょう。筆者は、日本に留学する学生のデスマス体と非デ
スマス体（デスマスを使わない文体）について調査をしました。初めの疑問は、
「アメリカから日本に留学した学生が帰国後くだけた表現を多く使うようだが、
それはなぜか」でした。この疑問には、まず検証しなければならないことが含
まれています。本当に留学後、くだけた表現を前より多く使うのか確かめる必
要があります。そのためには、「くだけた表現」という構成要素が何を指すの
かを定義しなければなりません。

　親しい相手との話し方であるくだけた表現は、文末表現（文体や終助詞）の選
択、縮約表現（「してしまう→しちゃう」）の多用、インフォーマルな語や表現の

選択（わたし→オレ、はい→うん）などさまざまな要素を含むと考えられますが、調査するためには、どのような点に注目するかを具体的に決める必要があります。先行研究を見ると、「丁寧体」とも呼ばれる「デスマス体」の研究がたくさんあり、研究対象としてふさわしそうです。そこで、以下のRQ例2を考えました。

● RQ：例2
留学する前と留学後では、デスマス体を使う割合が異なるのか。

　実際に筆者が勤務していたアメリカの大学の学生5人の留学前後のOPI（Oral Proficiency Interview）の発話データにおけるデスマス体の使用を数え、デスマス・非デスマスの選択が可能な文末で使われた割合を見たところ、デスマス体をあまり使わなくなったのは2人でした（Iwasaki 2010）。

　実は、先行研究では、L1日本語話者は、ほとんどデスマス体を使っていた同じ相手（例えば先生）との会話の中で、例えば写真を見せてもらって、「すごいですね」ではなく、「すごい！」のように、場合によっては非デスマス体に効果的に**スタイル・シフト**（**style shift**）することが報告されています（Okamoto 1999）。ということは、先生が相手でも、非デスマス体の使い方によっては、失礼ではないのかもしれません。そこで、次のRQ例3を考え、それに答えるために、OPIの発話データを質的にも分析して、実際にどのようにデスマス体を使っているのかを調べました。

● RQ：例3
留学前と留学後に、どのようにデスマス体と非デスマス体のスタイル・シフトをしているのか。

　分析の結果、デスマス体をよく使う学生はとても長い道のりを思い出して「ちょっと遠かった」とつぶやいたり、ときどき効果的に非デスマス体にシフトしていることが観察されました。また、デスマス体をあまり使わなくなった学生も肝心なところ（例えば、ロールプレイで先生に依頼する場面）ではデスマス

体を使っていました。発話データはこのように量的にも質的にも分析できます。

　では、デスマス体の使用の頻度、または割合が変わったのなら、もともとの筆者の疑問にあった「くだけた表現を多く使うようだが、それはなぜか」に答えるにはどのようなデータが必要でしょうか。このような場合は、学生本人ににインタビューして聞いてみるのがよさそうです。つまり、先行研究や発話データを考慮しつつあらかじめ質問を考えて、半構造化インタビューをするのが良いでしょう。

　そこで、学生にインタビューしたところ、留学前は、教科書でも授業でもデスマス体が使われることがほとんどであったため、主にデスマス体を使っていたのに対し、留学中のホストマザーや同じ大学の日本人学生、先生の反応やコメントのほか、周りの人がどのようにデスマス体や敬語を使っているかを観察もしながら、文体を選ぶようになったとのことでした（Iwasaki 2011）。

　また、敬語やデスマス体の使用について、欧米から来日して日本に留学などで滞在中の4人の女性を観察してフィールド・ノートに記録し、インタビューも行った調査もあります（Siegal 1994）。このような長期間にわたり観察を重ねてフィールド・ノートに記録したり、インタビューを行ったりして記述する研究方法をエスノグラフィー（ethnography）といいます。

第**14**章

SLA研究の方法（2）

3. 研究方法のアプローチ

　ここまで、研究方法のアプローチには、量的研究、質的研究、混合研究法があることを見てきましたが、それぞれのアプローチの特徴や留意点と、その背後にある考え方を整理します。

　量的研究は、頻度や正答率、反応時間など、数字によって表されるデータによってL2習得や言語学習のメカニズムや実態をとらえようとするものです。すでに提唱されている理論から推測する、演繹的なアプローチで仮説を構築し、その仮説を検証する仮説検証型が多いです。数えたり算出したりした数値を表にするという記述統計から、より一般化を目指すために統計学の手法が用いられることもあります。さまざまな統計手法がありますが、参加者の人数、参加者間のばらつきがどの程度なのか、どのような数値（例えば、頻度、割合）なの

かなどによって、どの統計手法が分析にふさわしいのかが決まります。そのため、データ収集方法を決めるときに、どのような分析方法が妥当かも考えておく必要があります。例えば、動機づけなどのアンケートでは、「1 ＝ 全く当てはまらない、2 ＝ あまり当てはまらない、3 ＝ どちらとも言えない、4 ＝ やや当てはまる、5 ＝ 完全に当てはまる」といった5段階または7段階のリッカート尺度で回答を得て分析することが多いですが、リッカート尺度で得た数値をどのような統計手法を使って分析するのかについては意見が分かれます。リッカート尺度で得たデータは各選択肢の間が等間隔とは言えない**順序尺度**（ordinal scale）と考えられるからです。また中間の段階に「どちらでもない」という表現を使うと、「考えたことがないからどちらでもない」と考えた回答を含んでしまう可能性があります。そのため、「0 ＝ 全く同意できない、7 ＝ 完全に同意する」などと示して、数字を使って等間隔と考えられる**間隔尺度**（interval scale）で回答を求める場合もあります。しかし、リッカート尺度のデータでも複数の項目の回答の平均値を使うなどすれば、等間隔を前提とする統計手法が使えるという考えもあります。どの分析方法が妥当かは尺度の種類（名義、頻度、順序、間隔、比率）によって変わります（島田・野田 2017 など）。統計分析を使うと、集団間のデータ数値の違いなどがたまたま偶然にそうなったのではないといえる可能性を示します。例えば、L1 が L2 テストの得点に影響するかを見るためには、L1 の異なる集団の得点を比較することになりますが、ある L1 集団の中にとりわけ高い得点の人が数人いると平均値が高くなります。その場合、平均値の差は偶然現れたとも考えられます。

　統計分析により、集団と集団の間の差に意味があるかどうかの可能性が算出でき、意味があると考えられる統計結果の場合は、その結果には「有意差がある」と言います。量的研究は、「客観的」でできるだけ価値判断に影響されない方法で行われるという考え方に基づいていますが、今日では研究者の前提や価値観が研究の実施方法や結果の解釈に重要な役割を果たすことも認められてはいます。

　量的研究に対して、質的研究は、研究者が自然文脈の中で L2 使用者を観察したり、L2 に関する考えや思いをインタビューで聞いたりして、その行動や発話をデータとして積み重ねていきます。例えば「文法を説明すると、『あ

〜』と納得する様子を見せるようになってきた。」「グループのメンバーに『すごい！』と褒められて、恥ずかしそうに笑顔を見せた。」などと、文章によってフィールド・ノートに詳細に記述し、その意味を分析、解釈していきます。このように、ある現象を実際に観察して、その観察からそこにある傾向や原則を導くアプローチは、帰納的なアプローチといえます。第 2 節で示したようにインタビューによって L2 使用者の言語学習経験や、L2 使用者の日本語使用の意識を聞く方法なども挙げられます。個々の事例を詳細に観察し、論考を蓄積することによって、包括的な説明や理論的枠組みの構築を目指します。

　先述したように質的研究には、観察を重ねてフィールド・ノートに記録しながら、当事者から聞き取りをするエスノグラフィーや、**ナラティブ**（narrative：語りによるデータ）を収集するのが代表的な研究方法です。データを丁寧に分析しながら、事象の意味を解釈し、構築していくという考え方に基づいています。質的データの分析方法はいろいろありますが、一般に**主題分析**という方法を使って分析することが多いです。ごく簡単に説明すると、文字化したデータを何度も読みながら、先行研究でどのようなことが報告されているかも念頭に、RQ に関わると思われる重要な主題（テーマ、カテゴリー、構成概念）がどのようなものかを探ります。そのためには、文字化したデータを読みながら、関係しそうな箇所や RQ に答えるための手がかりとなりそうな箇所に下線を引いたり、ハイライトしたりするなどして切片化し、それぞれの該当箇所にどのような意味があるかを考えます。その意味づけをうまく言い表す名称や文句をそれらにつけます。これらの名称や文句は**コード**（code）と呼ばれます。また、この作業のことを**コーディング**（coding）と呼びます。コードを分類することによって、概念的なまとまりのあるグループに分けられます。このように概念的なまとまり（テーマ、カテゴリー、構成概念）に整理し、その間の関係を見ていきます。例えば、「日本留学中のどのような経験がデスマス体と非デスマス体の使用に影響したのか」という RQ の場合、「周囲の L1 日本語使用者からのフィードバック」（該当箇所例「ホストマザーに自分の話し方は丁寧すぎるといわれた」）や「周囲の L1 日本語使用者の発話の観察」（該当箇所例「日本人学生が先生に非デスマス体で話しているのを聞いた」）などが RQ に関係する構成概念となり得ます。質的研究ではこのような方法などを用いて説得力のある

分厚い記述（thick description）を目指します。

課題4

ここまでで学んだ量的研究と質的研究の特徴をまとめてみましょう。

	量的研究	質的研究
特徴	・頻度や正答率、反応時間など、(1.　　　　)によって表されるデータによってL2習得や言語学習のメカニズムや実態をとらえる。 ・仮説の(2.　　　　)や予測を行い、ある現象が生起する頻度や確率などを量的に解釈することを目指す。 ・(3.　　　　)的なアプローチ ・正確さや客観性、信頼性を重視 ・一般化可能性の探究	・研究者がL2使用者を(5.　　　　)観察したり、L2使用者に考えや感じたことなどを(6.　　　　)したりし、その行動や発言をデータとして用いる。 ・個々の事例を詳細に観察し論考を蓄積することによって包括的な説明や理論的枠組みの構築を目指す。 ・(7.　　　　)的なアプローチ ・主観性・個別性に配慮、(8.　　　　)記述を重視 ・主題の探求
方法論の例	・アンケート ・観察データの数量化 ・(4.　　　　)学的手法	・フィールドワーク ・参与観察 ・インタビュー ・コーディング

➡ワークシートは「超基礎SLA website」よりダウンロード（→解答はp.197）

SLA研究は、1970年代から主に認知過程に焦点をあてた量的研究手法による研究が多くなされ1990年代半ば頃から、L2は社会的な要因と密接に関わり合いながら習得されるという考えに基づき、心理面や人間関係などの社会的観点を含めた質的研究による研究が見直されてきました（→第1章参照）。

研究者の価値観が研究方法や解釈に重要な役割を果たすため（Reichardt & Rallis 1994）、研究者の世界観の違いから選択するアプローチも異なってきます。しかし、これらは対立するものではなく、補完的な関係にあります。また、量的研究と質的研究の間にはさまざまなバリエーションがあるとされています（太田 2019；Mackey & Gass 2016）。

量的研究と質的研究の両方を使いながら、検証的な RQ と探索的な RQ を幅広く同時に扱うことができるのが混合研究法で、説得力のある推論を導きだすことができます。ただし、量的研究と質的研究は、単にデータの種類が異なるだけではなく、社会的リアリティや真実とは何かについての考え方も異なります。量的データの結果を補完するためだけに、インタビューの回答などの質的データも参考にするという程度では、混合研究法とはいえないので、要注意です。混合研究法を用いる際には、量的研究と質的研究の両方から得た結論を統合した、包括的な考察が必要とされています。量的研究か質的研究かの二者択一ではなく、研究目的を明らかにするためには、どのような分析方法が適しているのかを考え、柔軟に選択し、研究をデザインしていく姿勢が求められているといえるでしょう。

　L2 使用者の言語のデータベースを活用し、L2 使用者の L1 や熟達度など、グループ別の言語使用の傾向を調べる研究は**横断研究**（cross-sectional research）といい、ある L2 使用者の言語の変化を見るために同じ人を対象に調査するような研究を**縦断研究**（longitudinal research）と呼びます。どちらも SLA 研究で重要な研究手法です。これまでは横断研究が多かったですが、習得過程を見るためには縦断研究が不可欠です。

　筆者は、韓国語を L1 とする L2 日本語使用者スンウさん（仮名）を対象に、10 年間の縦断研究を行い、OPI の発話データを横浜及び東京で収集しました。中級から、上級、超級というレベルによってどのように変化するかだけではなく、そのときどきにどのようなグループに属していたか、またどのような話者になりたいかという思いによって、話し方が変化していくことがわかりました（奥野 2020）。以下の(1)は、スンウさんが工学部の留学生として過ごした来日3年半後の学部時代の発話（上級レベル）です。実はスンウさんは学部に入る前は、教室で学んだ日本語と L1 日本語使用者である友人が使用することばが違うことに気づき、友人と違和感なく話せるようになりたいと思っていました。そして、3 年間、L1 日本語使用者である友人の話し方を真似して学び、以下のような発話スタイルになりました。

スンウさんの(1)と(2)の縦断的な発話を比較して、発話スタイルにどのような変化があるのか観察し、周りの人やグループで話してみましょう。

<　>はインタビュアーの発話

（1）あー　そうですね　んーーー　やっぱこれもちょっと深い話になる、なりそうなんですけど、今、僕、応援しているアーセナルってチームって3年前、スタジアムを、その、引っ越したんですよ＜うんうんうんうん＞で、そのハイワリって、3万人くらい入れないとこから、今、ちょっと近いんですけど、エメリッチスタジアムっていう6万5千円、5千人ぐらいは入れる、ほんと、ほんとにでかくて、しかも、その、なん、アメニティとかも、アメニティというのか、施設？＜設備？＞設備も今どこの、この地球上のどこのスタジアムよりも一番最新的な設備で作ったんですよ、で、その分、ほんで金も、めっちゃくちゃかかっ、かかってて、それたてんのに　＜うんうんうん＞で、今、その入場料がたぶん僕が聞いている限り世界一らしいんです。

しかし、その後、スンウさんは大学院に進学することを決めると、今度は「フォーマルな場でも失礼のない話し方ができるようになりたい。」と思うようになりました。以下の(2)は来日6年半後の大学院卒業後の発話（超級レベル）です。同じインタビュー形式内の発話ですが、発話スタイルがかなり丁寧に変化したことがわかります。

（2）そうですそうです。我々の実験装置の一つが壊れまして。引越し中の過程で。当然うちのほうでは引越し屋さんの責任だっていうんですけど、引越し屋さんもそういう、まぁ、色んな事経験してきたと思うので、うちの責任じゃないということでいろいろ話があったんですけど、その交渉のほうも実はなんか、研究員とか、ようは学校の職員の方がするべきだったんですけど、なぜか僕にまわってきて、僕が、あのその、引越し屋さんの、たぶんその方課長か部長かの方だったと思うんですけど、直

接お話しして、でまぁ僕のほうで値段も提示して、それを持って、先生
のほうに持って行って、それはまだ足りないっていって、返事をいただ
いて、そこまで出せない、何回かそういう交渉をして、で、もともと要
求された金額の、そうですね、半額以上、半額でもないのか、30パー
くらいをうちで出して、まぁ残りをにっつ＜笑＞引越し屋さんが出して
くれたとか、そういうエピソードは、ありました。その過程で、本当に、
いろんなバイトとかいろんな経験をしていたんですけど、企業の方とお
話する機会はそこまでなかったので、そこでいろんなお話をして、さっ
きおっしゃったとおり、あの敬語とかも勉強して＜笑＞、はい、で、今
に至っているってことです。

　縦断的かつ質的に見ていくことによって、横断研究や量的研究では知り得な
かったことが見えてくることがあります。縦断研究は参加者一人の調査にとて
も時間がかかるため、少人数に絞って調査されることが多く、1名だけを対象
にしているものも少なくありません。このような研究を**事例研究**または**ケース・
スタディ**（case study）と呼びます。ただし、最初から少人数に絞り過ぎると途
中で中断せざるを得なくなる場合もあるので、注意が必要です。実は上記の研
究も最初はもっと多くの人数を対象としていましたが、10年間続いたのは2
名のみでした。

4. 結果と考察

　量的、質的というアプローチの違いに関わらず、研究で最も大切なことは、
一連の研究の過程や結果から「何がいえるのか」を考えることです。それを
「考察」といいます。データを集め、結果を提示しただけでは考察とはいえま
せん。設定したRQの答えがどうであったのかを裏づける結果を示し、そこか
ら何がいえるのか考える必要があります。そしてなぜこのような結果が得られ
たのか、独自の新しい見解を示すことができたら、それは立派な考察といえる
でしょう。また、出てきた結果の解釈と先行研究との関連について、この段階
で指摘するのも良いでしょう。すでにある理論で説明できるのであれば、その

理論で自身が導きだした説を補強することも有効です。例えば前述のデスマス体・非デスマス体についての研究では、対象となった学生のうち留学後に非デスマス体を過剰に使っていた学生も、留学前は教科書や授業内で主に使用されていたデスマス体以外はあまり使えなかったのが、留学後はデスマス体と非デスマス体の両方を使い、主体的に選択するようになったといえると結論づけました。

　もし、時間をかけて行う体系立った研究（修士／博士論文など）をする場合には、RQ の基となった根本的な研究目的を踏まえ、得られた結果を統合し、全体に議論することが必要です。また、その考察によってどう理論や教育に貢献できる可能性があるのかについても言及すると良いでしょう。もちろん必ずしも理論や教育につながるとは限りませんし、その成果のみをもって教室でどのように指導すべきかを主張することには慎重になった方がいいですが、自分の研究にどのような意義があるのか明示することは大切です。また、完全な研究というものもありません。研究を振り返って、例えば、データ量の不足やほかの解釈の可能性など、問題と思われる点も、研究の限界や今後の課題として挙げておきましょう。異なる方法や対象者による研究の積み重ねにより、知見が積み重ねられ明らかになってきます。その課題についての研究を一歩進められたならそれは意味があることなのです。

課題6

　言語教育や SLA 研究に関連して、どのような研究会や学会があるのか調べてみましょう。また調べた研究会や学会の論文の投稿規定も見てみましょう。

　最後に、**参考文献**について見ておきましょう。参考文献は正確に書くことが大切です。ここがおろそかにされているとせっかくいい研究をしても、信頼性が低いのではないかと見られる可能性があるので、「研究が終わった！」と気を抜かないことが大切です。ある研究会や学会の雑誌などを参考に、一定のルールに従って書くといいでしょう。以下は本章を執筆している現在、筆者たちが編集委員を務めている『第二言語としての日本語の習得研究』という雑誌の投稿規定〈http://jasla.sakura.ne.jp/3.html〉の一部です。

参考文献は日本語文献，英語文献，中国語文献等の順にまとめる。

日本語文献は著（編）者名を 50 音順に，英語文献はアルファベット順に記載する。

同一著者による論文が複数ある場合は，出版年月順に記載する。

一つの文献の情報が 2 行以上にわたる場合には，2 行目以下を 2 字分下げる。

英語文献の記載方法は APA Manual 7th edition に準じる。具体例を下記に示すが，詳細，例外については APA Manual 7th edition（2019 年出版）を参照されたい。

鎌田修・山内博之・堤良一（編）(2009).『プロフィシェンシーと日本語教育』ひつじ書房.

迫田久美子・細井陽子 (2018).「International Corpus of Japanese as a Second Language (I-JAS): 日本語 学習者の言語研究と指導のために」『英語コーパス研究』15, 133-149.

安田敏朗 (2020).「多言語社会の語り方」福永由佳（編）『顕在化する多言語社会日本—多言語状況の的確な把握と理解のために—』(pp. 58-80). 三元社.

Kubota, R. (2014). The multi/plural turn, postcolonial theory, and neoliberal multiculturalism: Complicities and implications for applied linguistics. *Applied Linguistics, 37*(4), 474-494.

Pavlenko, A. & Lantolf, J. P. (2000). Second language learning as participation and the (re) construction of selves. In J. P. Lantolf (Ed.), *Sociocultural theory and second language learning* (pp. 155-177). Oxford University Press.

Pennycook, A. & Otsuji, E. (2015). *Metrolingualism: Language in the city. Routledge.*

※論文名，書名は最初の語の語頭だけを大文字にし，誌名は各主要語の語頭を大文字にする。

※書名，誌名とその号数はイタリック。出版社の所在地の記載は不要。

『第二言語としての日本語の習得研究』より一部抜粋

5. 研究の成果をシェアしよう

　時間と労力を使って行った研究は、自分一人だけでわかって満足していては勿体ないですし、研究した意味がありません。発表する意義のありそうな成果があれば、できるだけ多くの人に知ってもらう方がいいでしょう。また研究は、ほかの人に知ってもらい、異なる視点からのコメントをもらって、発展していきます。まずは気のおけない少人数のグループで構いません。同じ授業やゼミ

をとっている仲間、同じところで教えている仲間と是非研究の過程をシェアして、コメントし合いましょう。研究はまだ明らかになっていないことを明らかにしようとするものなので、何が正解なのか誰にもわかりません。お互いに気づきや、自分の考えを率直に述べ合いましょう。そのときに大切なのは、なぜそのように考えるのか、その根拠を説明することです。そして、研究に最終的に責任を持つ研究者自身が判断し、より良い方向を見いだして研究を進めていってください。

　また実際に、興味のある分野の研究会や学会にも参加してみるといいでしょう。ほかの人たちがどのような研究をしているのかを知ることで研究の最新の動向がわかります。また、自分と一見関係のない研究からも、インスパイアされることがありますので、いろいろな発表を聞いてみるといいでしょう。もし、自分の研究からある程度まとまった結果が見えてきたら是非発表にも挑戦してみましょう。志を同じくしている人達や、あなたの研究に興味を持った人達が聞いて、質問やコメントをしてくれます。そうするとまだ自分では気づいていなかったことが見えてきたり、さらにどのように研究を進めればいいのかというヒントをもらえたりして、研究が磨かれていきます。もしかするとあなたの身近な疑問から始めた研究が、共同研究に発展するかもしれません。ひとりだけではできることが限られていますが、同じ志を持つ複数人の知恵や技術を結集すれば、もっと大きな研究も夢ではありません。是非、楽しく、意義のある研究を進めていってください。

6. まとめ

　本章では、SLA 研究における質的な研究方法について紹介し、量的研究、質的研究、混合研究法のアプローチを整理しました。また、横断研究と縦断研究の違いについても確認しました。そして、考察の重要性や参考文献の書き方について確認し、研究成果をシェアすることの重要性についてお伝えしました。皆さんの研究のタネが実り、SLA 研究がさらに深まるよう進めていってほしいと思います。

もっと知りたい人へ

○ 『日本語教育のためのはじめての統計分析』島田めぐみ・野田裕之（2017／ひつじ書房）

○ 『日本語教育のための質的研究 入門』舘岡洋子（編）（2015／ココ出版）

○ 『コーパスで学ぶ日本語学―日本語教育への応用―』森篤嗣（編）（2018／朝倉書店）

○ 「第二言語習得研究でのデータ収集方法」『第二言語習得研究 ―理論から研究方法まで―』白井知彦・若林茂則・村野井仁（2010／研究社）

○ 『混合研究法の基礎』チャールズ・テッドリー・アッバス・タシャコリ（2017／西村書店）

○ 「なぜ「言葉」や「行為」が意味を持つのか―第二言語習得研究における質的研究の意義と課題」『第二言語としての日本語の習得研究』23 号 pp.126-131. 八木真奈美（2020／凡人社）

○ 『質的データ分析法 ―原理・方法・実践―』佐藤郁哉（2008／新曜社）

○ 『英語学習動機の減退要因の探求　日本人学習者の調査を中心に』菊地恵太（2015／ひつじ書房）

【課題 4 の解答】
1. 数字，2. 検証，3. 演繹，4. 統計，5. 参与，6. インタビュー，7. 帰納，8. 分厚い

コラム14

言語ポートレート

　自分の学ぶ L2 への思いは、L2 習得に影響すると考えられ、インタビュー調査などで研究されてきました。L2 を含め、個々人が自分のことばをどのように位置づけて、どのような思いを抱き、自分の言語レパートリーをどのようにとらえているかを視覚的にとらえる「言語ポートレート」という手法もあります（Busch 2018; 姫田 2016）。体の線画に、自分のそれぞれのことばにふさわしい色と位置を選んで、描いていくのです。例えば、以下は、英国の大学で日本語を専攻する学生が日本留学中に描いたものです（Iwasaki 2019）。日本語と英語を使って翻訳者になることを志す彼は、日本で翻訳のアルバイトをしながら、夢の実現を実感していました。脳、手、足、心臓は赤（日本語）で描かれていますが、体全体を囲んでいるのは L1 である青（英語）です。視線は夢に向かっています。L2 を使用する理想の自分の

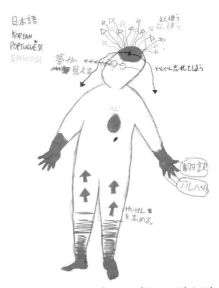

イメージである「L2 理想自己」（→第5章参照）に近づく自分を描いているといえるでしょう。留学前に学習していたポルトガル語と韓国語（どちらも黒）を留学中には忘れてしまっていることも描いています。この手法で、個々人の言語アイデンティティ、言語レパートリーの中のそれぞれの言語と言語の関係を視覚的にとらえるだけでなく、体は内的と外的側面の接点でもあるので、内からの思いと外からの視線の両方で形成される言語レパートリーが描かれると考えられます。

（Iwasaki（2019:146）より）

※**言語ポートレートのカラー版はこちらで→**
確認してください。

第**15**章 SLA 研究の今、そしてこれから

この章のポイント！

本書で SLA 研究に初めて接した方は、まさにこれからが SLA 研究の知見を教師や研究者、あるいは自分が L2 使用者の立場として活かす始まりです。その始まりのために、この章では第 1 章から第 14 章までのポイントに触れながら、SLA 研究の動向をまとめ、近年の SLA 研究者の考え方や研究方法などの提言を紹介します。SLA 研究の考え方が社会の状況の変容に伴って大きく変化してきた様は、「進化」と表現してもよいでしょう。その常に進化し続ける SLA 研究の、今後の発展も探っていきます。

☑ **キーワード**
応用言語学、ポスト・メソッド、シンボリック能力、マルチモーダル、相互行為能力、エコロジカル・アプローチ、複雑性理論、複雑・動的システム理論、マルチコンピテンス、会話分析

1. SLA 研究の知見とその応用

　本書は、これまで検証された SLA 研究の仮説や、研究で蓄えられた多くの知見のうち重要なものを紹介するだけはなく、その知見が皆さんにとって身近な課題である多文化共生や日本語教育・支援にどのように関わり、どのように活かせるのかに焦点をあてています。SLA 研究という分野そのものは、ヒトがどのように L2 を習得するのか、そのメカニズムを追究する学問ですので、必ずしも学習や教育などの現場へ応用するための学問ではありません。しかし、SLA 研究の知見を持つ人の中には、社会の問題解決を目指して研究を重ねる研究者や、教育者として、また、学生でも社会人でも実践者として活躍する人は少なくありません。例えば、アルバイト先や職場で日本語を L2 として使用する同僚や顧客の言語使用の理解にも幅広くその知見を活かすことができます。

　以下、皆さんにも実践者として活躍していただくために、ここまでの章でみてきた本書のポイントを（少し説明を加えながら）簡単にまとめ、その後、最近の SLA 研究の第一人者の提言や、彼らが投げかけるこれからの課題について

ご紹介します。

　なお、語学やSLA研究の知見に基づいて実社会にある課題の解決（例えば、どのように外国語教育を行うか）を追究する学問は**応用言語学**（applied linguistics）と呼ばれます。

課題1

　SLA研究はどのように進化してきたでしょうか。SLA研究でL2習得についての考え方にどのような新しい考え方が出されたのか、第1章〜第3章を振り返り、周りの人やグループで話し合ってみましょう。

2. 進化するSLA研究

　第1章で紹介されたように、SLA研究という分野が確立してまだ60年ほどです。しかし、その間、大きな進展があり、そして今でも進化を続けています。すでに第1章から意外なことも多かったのではないでしょうか。

　まず、「L1（第一言語）＝母語・母国語」とは限らないこと、自然環境と教室環境が簡単には区別できないこと、「母語話者」の言語使用を絶対的基準とするネイティブ信仰の問題（→第7章参照）など、SLA研究で近年広く認識されていることに言及しました。さらに、L2習得を単に環境から影響を受けてL2使用者個々人の頭の中で起こる受動的で認知的な過程とはとらえず、それぞれが周囲の人々とのやりとりや人間関係など社会的環境の中で自分自身の意思で能動的に関わり、L2を使用して習得するということが重視されるようになりました。研究分野における大きな変化を「転回」（ターン）と呼びますが、この社会性の重視への転回が、第1章で言及されたソーシャル・ターン（Block 2003）です。その皮切りとなる論文は1990年代に出版されました（Firth & Wagner 1997；Norton 1995）。言語的・認知的側面（→第2章〜第5章参照）と社会的側面（→第6章、第7章参照）を重視するSLA研究との間には、研究方法や目的などについて相容れない意見もあり、活発な議論が行われました。現在も議論は続いていますが、どちらの見方や方法にも価値があることを認め、相互に補完するものという考えの研究者も多く、1990年代頃までの言語と認知偏重のSLA研

究を改めようとする提言もなされています(→詳しくは第4節、第5節参照)。

課題2

　皆さんは、今、以下の(1)～(4)について、どのような考えを持っていますか。本書で学んだSLA研究に基づく根拠を挙げて、周りの人やグループで話しましょう。

(1) 言語習得は生得的なものか
(2) L1からL2への言語転移はどのようなときに起こりやすいのか
(3) L2習得において、インプット、アウトプット、インターアクションはそれぞれどんな役割があるのか
(4) 人によってL2習得の速さや達成度が異なるのはなぜか

　第2章では、従来有力であった認知的過程としてのL2習得の代表的な考え方である生得的知識で言語が獲得されるという生得主義と、それに対して、環境の中でことばが創発すると考える創発主義を紹介しました。また、言語間の影響は、従来研究されてきた、L1からL2への転移(影響)だけではなく、L2からL1への逆行(逆向)転移もあるということに触れました。しかも、転移という現象はL1とL2間の言語構造などの客観的な類似性や相違に起因しているとは限らず、L2使用者自身の認識によるL1とL2の類似・相違(知覚的類似性)も転移に影響することがわかっています。例えば、学習中の三つ目の言語(L3)が自分のL1と類似しているという認識があれば、L1がL3に影響し、L1より自分が学習したほかのL2の知識の方が類似していてその知識が役立つという認識があれば、そのL2がL3に影響するということです。

　行動主義の理論では、L1転移(L1の慣習のL2への転移)の結果がNTL(non-target-like；目標言語で使われる形式とは異なるもの)となると考えられ、NTLは即時に矯正すべきものととらえられていたこともあり、NTLは「悪者」ととらえられがちです。しかし、コーダー(Pit Corder)(Corder 1967)や、それ以降のSLA研究においては、L2習得・研究・教育に役立つ貴重な、意義ある現象・データととらえられるようになったことを第3章で紹介しました。L1がL2の言語構造と類似したL2使用者より、L1がL2の言語構造とは大き

く異なる L2 使用者の方に NTL が多いことは予想できても、初級学習者より中級学習者に NTL が多いという研究結果はちょっと意外だったかもしれません。ある程度知識がある L2 使用者の方が積極的に L2 を使うため NTL が起こりやすいといえます。

　続く第 4 章では、SLA で研究が盛んに行われたインプット、アウトプット、インターアクションに関わる仮説を紹介しました。インプットやアウトプットという表現は（言語が）どこかに入り、そこから出るということを想起させますが、それがどこかというと頭の中、脳内といえそうです。これらの仮説は、L2 習得を認知的な習得プロセスととらえていて、十分なインプットがあれば（生得的知識、言語獲得装置によって）習得が起こり、インターアクションやアウトプットがそれを促進するという考え方を反映しています。これらの SLA 研究では L2 使用者は受身的存在ととらえられていました。

　それに対し、第 5 章で扱われた、L2 習得の速度や成果がなぜ人によって異なるのかの解明のために研究される「個人差」（適性、動機づけ、学習ストラテジー）のうち、特に動機づけや学習ストラテジーは、それぞれの L2 使用者の意思や選択に関わり、L2 習得においての L2 使用者の位置づけが異なります。ここでは、L2 習得に関わる「一般的なプロセス」の解明というより、「個別性」に目が向けられます。ただし、第 5 章で説明したように「個人差」の研究も一般的パターンを見いだそうとする研究と、「個別性」を深く追究する研究があり、前者の場合は、第 13 章で紹介したような量的研究で、そして後者の場合は、第 14 章で紹介したような質的研究で調査されることが多いです。さて、筆者が本章の第 1 節で「ヒト」という表記を使っていたことにお気づきでしょうか。第 2 章のように言語の生得性を論じるときは、ほかの動物とは比較して「ヒト」という表記、ここでは、個々人の動機や願望をもつ情意的な存在として「人」という表記を使っています。このことについては、第 4 節でさらに説明します。

　第 6 章と第 7 章では、環境による L2 習得の違いと、社会の中での L2 使用者を取り上げました。従来、学習環境は自然環境と教室環境の二つに分けられることが多いですが、実際にはさまざまな混合環境があること、しかも、L2 習得の自然環境にあるはずの日本国内在住の L2 日本語使用者が、自分の置か

れている立場や環境、仕事の都合などの制約のために日本語を学習したり使用したりする機会がないという場合もあることについても触れました。日本に来ればインプットが十分にあって、そのインプットが頭の中で処理されてL2習得が起こる、とはいえないことがわかります。L2習得を「頭の中の知識・言語処理」というより、自分がどのようなコミュニティの中でどのような関係を築きたいかなどのL2使用者それぞれの自己実現の願望やアイデンティティに基づく「社会的活動」ととらえる研究者の考え方についても言及しました。ただし、L2使用者がどれほど社会に参加できるかは、個々人の意志や行動だけにかかっているわけではありません。環境のさまざまな制約があるため、受け入れる社会側の人々の意識や制度の整備も重要です。L2使用者が弱者とならない社会の実現が求められるわけですが、それを阻んできたものの代表的なものが、SLA研究でも問題視されているネイティブ信仰です。

　第7章までを見ると、SLA研究の焦点が頭の中の知識や情報処理の偏重から、意志や願望、行為主体性を持つ個人としてのL2使用者を知ることも重要であるという認識へと移行してきたことがわかります。さらに、CLD児（文化的・言語的に多様な子ども）のことばの習得と支援に関することを取り上げた第8章と第9章では、CLD児教育の目的は「子どもたちが全人的な発達を遂げること」であると考えられているということを説明しました。多くの場合、従来の言語教育は、学習者の言語の能力を高めることでした。しかし、言語の習得は、進学やキャリア形成を可能にする学校教育にも、人間関係の構築にも、社会参加にも不可欠で、人として成長することに大きな役割を果たすため、L2習得は、認知能力・学力や自己確立と切り離して考えることはできません。CLD児の教育に関わる重要な仮説が、第8章で触れた、ジム・カミンズ（Jim Cummins）の二言語相互依存説です（Cummins 1984）。複数言語環境で育つ子どもたちの二言語は、言語の形式的にも概念的にも依存し合っており、両言語の支援があることで、教科の学習も促進されることが実証研究で裏づけられていることを述べました。第8章で紹介したトランスランゲージング（Gracía & Li Wei 2014）の考え方など、CLD児たちのもつ言語資源を「二言語」と呼ぶことの問題については第6節で後述します。

　第6章や第7章を読まれてすでにお気づきかもしれませんが、実はCLD児

に限らず、SLA 研究の対象を「全人的」にとらえるべきという考えが成人についても注目されています。L2 使用者の「言語」の習得や使用においてだけではなく、その人の自己意識やアイデンティティ、人間関係（ソーシャル・ネットワーク）や社会参加などは、どのようなことばをどのように使うかに影響されます。

3. SLA 研究の知見を活かす実践

　第 8 章から第 12 章では、SLA 研究の知見を活かした CLD 児教育、日本語教育、評価法を取り上げました。まず、CLD 児教育については、第 8 章では DLA という対話型アセスメントを紹介しましたが、これは社会文化論（Socio-cultural Theory）という子どもたちの発達に対話が大きな役割を果たすことを唱えた心理学者ヴィゴツキーの考えを反映したものです。ヴィゴツキーの理論に基づく研究は 1990 年代頃から成人の L2 習得の研究でも盛んになりました（Labtolf & Pavlenko 2008）。

　対象が子どもか成人かに関わらず、教室で訂正フィードバックをするのかどうかは、どんな外国語でも教師にとって重要な課題です。第 11 章では、訂正フィードバックについての最近の考えを説明しています。

> 課題3
>
> 　皆さんは、外国語（L2）の授業で教師の訂正フィードバックは有効だと思いますか。どうしてそう思いますか。本書で紹介した SLA 研究の知見に基づいて考え、周りの人やグループで話し合ってみましょう。

　筆者が米国の大学院で応用言語学について学びながら日本語を教え始めた 1989 年には、第 4 章と第 6 章で触れたクラッシェンの仮説（Krashen 1985）がかなり支持されており、影響力がありました。筆者が授業で採用していたのはオーディオリンガル法と呼ばれる教授法から派生した方法で、学習した文法や文型を含むやりとりをその文型がよく使われる現実的場面や文脈の中で反復練習し、学生の発話に NTL があれば、誘導や明確化要求（→第 11 章参照）をして

言い直すことを促したり、言い直せない場合はモデルを示して反復を促したりするというものでした。前者はモニター仮説（学習で身につけた知識は実際の言語使用で使えない）を支持していれば有効とはされず、さらに後者のような訂正フィードバックは、情意フィルター仮説（インプットを取り込むためには心理的な障壁が低い方がいい）を支持していれば心理的な障壁を高くするので有効ではないと考えられました。そのため、いつも自分の指導法を擁護する必要を感じていました。当時は文法に時間を割くことは問題視され、自由に意味のある会話をすることが奨励されることが多かったのです。

　しかし、第10章で触れたように、自由な会話だけでは正確さや適切さが身につかないということがわかり、コミュニカティブな活動の中で必要に応じて文型などの言語形式に注意を向けるフォーカス・オン・フォームが提唱されました。いわば、言語形式中心の方法（文法訳読法）から、言語形式の指導の役割を否定する意味伝達重視のコミュニケーションへと、極端な変化を遂げ、その後少し戻って意味と形式の両方の重要性が再認識されたわけです。この外国語教育の変化は、よく「振り子のような変化をたどった」（大きく振れて戻ってきた）と表現されています。

　20世紀後半は、言語の習得に有効であるとされるさまざまな**教授法**（method）が提唱されましたが、必ずしもSLA研究の実証研究で裏づけられていませんでした。しかし、1990年代頃からは**ポスト・メソッド**（post method）とも呼ばれる、ある特定の教授法が全ての学習者に有用なことはあり得ないという理解が高まりました。代わりに、どのようなアプローチや活動がどのように有効なのかが研究されるようになりました。例えば、どのような訂正フィードバックが有効かなどについてはさまざまな実証研究がされるようになり、第11章のような知見、例えばリキャストの利点や問題点などが共有されています。

　このような展開からの教訓の一つは、ある指導法が有効かどうかの是非を問うのではなく、どのような場合にどのように用いればどのような効果があるかという、多様な要因が関わる可能性を考慮すべきであるということです。つまり、訂正フィードバックを例にとると、有効か否かではなく、どのようなフィードバックがどのような場合にどの程度効果的なのかを探るという研究が必要となるわけです。ある応用言語学者が講演会で「（応用言語学の）ほとんど

の問いの答えはいつも同じだ、答えは"It depends"だ」と語っていました。ま さにその通りで、「場合による」のです。ですので、課題3の答えは、まずは 「場合による」です。しかし、そこでは終わりません。続いて"It depends on what?"であって、what が何かを追究するのです。

　第12章では、日本語教育を例に評価の種類とそれに関わる重要な方法や概 念を説明しました。妥当性、信頼性、内部一貫性などを、授業を履修した学生 の学びの成果を評価するために担保することが重要なだけではなく、量的研究 を行う上でも、L2 使用者の能力がどのように伸びるのかを測るわけですから、 同様に重要です。また、数値では測りにくい能力や成長は、ポートフォリオを 用いるなどして、総括的に評価するのが良さそうです。

　第13章と第14章では、実際に SLA 研究をどのように始めるのか、どのよ うなデータでどのように研究するのか、主な研究方法を紹介し一緒に考えまし た。さまざまな研究方法を理解することは、皆さんが将来研究活動をするかど うかに関わらず、研究論文を読むのに役立ちます。単に鵜呑みにするような読 み方ではなく、研究がどのようになされたかをクリティカルに読み解いて、皆 さんの実践(ボランティア、語学学習、教育、研究)に役立てることができるの です。

4. 近年の SLA 研究の展開

　前述のように近年では、CLD 児のみならず、成人である L2 使用者も SLA 研究において全人的に研究することの重要性の認識が高まりました。個々人が 自分の意思で行為をする主体性を**行為主体性**、または**エージェンシー（agency）** と呼び、ますます注目されています。

　筆者は米国や英国から日本へ留学する L2 使用者のことばの使用やアイデン ティティの変容を研究していますが、留学研究の第一人者であるジェイムズ・ コールマン（James Coleman）も、「留学」という環境が実にさまざまであるだけ ではなく、その環境で個々人がどのような行動を起こすかもさまざまであるこ とから、「留学」による言語習得の成果を一般化する留学研究に疑問を投げか け、"whole people"の"whole lives"、つまり、それぞれの L2 使用者の L2 習得・

使用だけではなく、留学中にどのような人と交流し、どのような活動をして、人としてどのような成長をするのかを研究する必要性を説きました（Coleman 2013）。

　応用言語学全般についてもフィル・ベンソン（Phil Benson）が、ソーシャル・ターンを経た現在、求められるのは、社会の中の個人を見る、いわば、全人的ターン（person-centred turn）だと語っています（Benson 2019）。ベンソンは、応用言語学を三つの時代に分け、オットー・イェスペルセン（Otto Jespersen）（1904）が科学的な言語学の理解に基づいた言語教育が（おそらく目的や学力が均質的な）「生徒たち」に有効であることを説いていたことを例に挙げ、1960年ぐらいまではそれぞれの個人は不可視（invisible）な時代であったと言います。その後、「学習者」の多様化に伴い、学習者中心の時代になりました。ところが、学習者中心といっても「学習者」が実際の学習者を指すというより、「学習者」という抽象的な一般化された存在として扱われる傾向があったことを指摘しています。ベンソンはL2使用者の一人ひとりの情意が考慮されていなかったことを問題視し、今やL2使用者を人として認識すべき時代だと述べています。人は、インプットを処理する機器ではなく、一人ひとりが遭遇したり参加したりする社会的場面で、複雑な情意（動機づけ、不安、願望）を経験するのです。

　したがって、ダイアン・ラーセン＝フリーマン（Diane Larsen-Freeman）などがデータ処理をする機器を連想させる、「インプット」や「アウトプット」という表現も適切ではないと指摘しています（Larsen-Freeman 2014）。L2使用者は、言語データがインプットとして入って、アウトプットとして出る容器やコンピュータの機器ではなく、感情や主体性のある人であるということに留意することが重要なのです。

　このようなSLA研究におけるL2使用者のとらえ方の影響もあり、これと並行して、教育においてもコミュニカティブな能力だけを目指すアプローチでは不十分であることも多くの研究者に指摘されています。コミュニカティブなアプローチで重視されるのは情報の伝達とタスクの遂行ですが、人がことばを使うとき、情報を伝達したり、タスクを遂行したりするだけではありません。自分自身が表明したいアイデンティティや人となりを表現したり、人間関係を構

築したり、聞き手の考えや行動に何らかの変化をもたらそうとします。L2 を使用することで、社会参加も増えて自信もつくなど、L2 習得はまさに全人的なのです。

　クレア・クラムシュ（Clare Kramsch）は、外国語教育においてはコミュニケーション能力を超えて、**シンボリック能力**（symbolic competence）を培う必要があると説いています（Kramsch 2006）。特に両者の権力・地位・発話権が均衡ではない場面、情報のみならず誇り・敬意・面子が重要な場面では、相手の歴史・文化や価値観（宗教、イデオロギー）などの背景知識を理解し、沈黙やうなずき、表情、ジェスチャー、言語の選択の意味合いも汲んでやりとりすることが必要だと述べます。クラムシュは、L2 使用者は単なる情報伝達者ではなく、こころ（記憶、夢想、アイデンティティ）と体を持つ全人的な存在であるとも説明しています。人びとの地理的移動もオンラインで海外在住の人と交流するなどのヴァーチャルな移動も盛んで、接触場面で自分の持つ資源のうち、どれをどのように用いて意味を伝えるかが重要です。非言語的、身体的要素も含め、さまざまな媒介を通すことを**マルチモーダル**（multimodal）といいます。

　また、コミュニケーションは相互的なもので、協働的活動であるので、コミュニケーションが上手く達成できるかどうかは両者によるという認識が高まっています。話しが弾むかどうかは、相手がどのように聞いてくれるか、うなずきや表情、あいづちのタイミングやあいづち表現の種類なども影響します。また、相手が話し始めたことに共感して、発話の終わりを待たずに言いたいであろうことを続ける共話も起こります。マルチモーダルなリソースを活用する相互行為なのです。このような行為を行う能力を**相互行為能力**（interactional competence）といいます（Young 2019）。ある個人の相互行為能力は、その個人が有するのではなく、相手との協働で発揮されます。人間関係構築のためには重要な能力といえるでしょう。

5. 新たな SLA 研究

　前述のように L2 使用者を全人的にとらえることで、従来「インプット」と呼ばれる L2 使用者の周辺の言語データは、L2 使用者が自身のニーズや興味な

どによって意味を見いだしうる**アフォーダンス**（affordance）の一環とされます。環境が提供するものに生物が見いだす価値や意味のことで、このように環境とL2習得の関係がエコロジカルに解釈されるようになりました。L2習得をエコロジカルにとらえる**エコロジカル・アプローチ**（あるいは、**生態学的アプローチ**）は、新たなSLA研究のアプローチの一つです。

　環境の中の生物の行動や成長にはいろいろな複雑な要因が相互に影響します。L2習得も、社会や身近な環境のさまざまな要因の中で、個々人が認知や情意（動機づけ・感情・願望）に基づいて行動し、その行動の結果や周囲からの反応を見ながら適応し、実にさまざまな要因が複雑に絡み合って起こる現象で、その全体をとらえる必要があります。そこで、ラーセン＝フリーマン（例えば、Larsen-Freeman 2018）は、認知的・言語的な見方と社会的な見方の両方の重要性を認識し、その関係性を探るために、**複雑性理論**（complexity theory）、あるいは、**複雑・動的システム理論**（complex dynamic system theory）を理論的枠組みとして提唱しています。この理論的枠組みの研究により、これまでのどのような要因がL2習得に影響するかを探る研究を補うために、さまざまな要素の関係がどのように変化するのかも探る必要があると唱えています。

6. これからのSLA研究 ―「言語」・「ことば」についての考え方

　本書では「言語」という表現を使うこともありましたが、「ことば」という表現も用いています。筆者はほかの場面でも「ことば」という表現をよく選択するのですが、その理由の一つは、「言語」という表現が「X語」という言語の命名につながりやすいことです。「日本語」のようにXには国名が使われることが多く、ある国家の代表的言語が限定されているような錯覚や、言語が安定した体系のような印象につながるのではないかと思うのです。実は本来複数の言語と考えられるA語とB語の要素をリソースとして使用することは珍しくありません。例えば、CLD児などは、どの単語がA語と呼ばれる言語に属し、どの表現がB語と呼ばれる言語に属すかを意識しないで、どちらもリソースとして使うことが珍しくなく、外から見ると、A語からB語にスイッチしたように聞こえても、本人は自分の持つレパートリーにあるリソースを使ってい

る現象が第 7 章でも紹介したトランス・ランゲージングです。

　成人になって B 語を学習した L2 使用者も A 語と B 語を使ううちに、相手も両方のリソースが理解できる場合は、自分がいつどちらを使っているか意識しないで柔軟に使うことがあります。尾辻(2011)は、マルチリンガリズムではなく**メトロリンガリズム**という表現を使い、ことばを人が相互関係の中で使用する動的なものととらえています。このように、ことばやマルチモーダルな意味生成リソースを頭の中に存在する「言語」という体系ととらえるのではなく、動的で環境に適応していく有機的なものしてとらえる研究者は少なくありません(Thorne & Lantolf 2006)。

　また、第 2 章で見たように L2 使用者の L1 が L2 に影響するだけではなく、L2 が L1 に影響するなど、L2 使用者の L1 と L2 は頭の中でも境界なく相互に影響し合うことから、第 3 章でも触れたように、ヴィヴィアン・クック(Vivian Cook)は L2 使用者の持つことばの体系を**マルチコンピテンス**(multi-competence)と呼び、モノリンガル話者の持つ体系とは大きく異なる説きました(Cook 2016)。L2 使用者は、モノリンガルな話者とは異なり、ことばの分析力など優れたメタ言語能力を持ち、柔軟にコミュニケーションできます。したがって、ある目標言語の L1 使用者を目指すという考え方を問題視しています。つまり、ベトナム語が L1 で、日本語を L2 として習得する人の能力は、L1 ベトナム語使用者とも L1 日本語使用者とも異なるのです。目指すべきなのは、ベトナム語と日本語のリソースを柔軟に使う使用者なのです。

課題 4

　L2 を「マスターする」ことは可能なのでしょうか。上述の「ことば」「言語」のとらえ方をふまえて考えて、周りの人やグループで話し合いましょう。

ヒント

　あなたは自分の L1 で最近学んだ新しい表現がありますか。また、L1 ならどのような場面でも、自分の思うようにことばを使って表現できますか。

そもそも、ある「言語」を「マスターする」ことはできるのでしょうか。第2章で、L2使用者ほどではないもののL1使用者にもL1の知識に個人差があることを説明しました。L1日本語使用者でも漢字や四文字熟語、慣用句をどの程度使えるのか、特定の場面で使われる専門用語や言い回しを熟知しているかなどの差はありますし、引っ越した先の地域のことばや転職した業界の専門用語、流行語や若者ことばを新たに学ぶこともあります。また、あまり使わなくなったことばを忘れることなど、周辺の環境やニーズに適応したり、自分の興味やニーズを反映させたりして、変化をし続けます。

このように考えると、L1、L2に関わらず、人のことばの知識は常に変化しているので、NTLや言語使用のパターンがある一定の期間観察されたとしても、それを化石化や停滞化と呼べるかどうか疑問視する研究者もいます。

7. どのように研究するのか ―「一般化」か「個別性」か

SLA研究の方法についてもいくつかの提言があります。前述のベンソンは、今、多くの研究者が好む方法として**事例研究**（case study；ケース・スタディ）を挙げています。第14章で説明したように、事例研究は、数少ない対象を丁寧に質的に調査する方法です。

ラーセン＝フリーマンも、今や社会の中の個人に焦点をあてる必要があると説きます。L2使用者はあまりにも多様なため、SLA研究においては、グループの平均値に基づいて現象を一般化することはできないと明言しています。第14章で示したようにさまざまなコンテクストにある、個人の縦断研究などの事例研究が蓄積されれば、事例間の比較で共通点や相違点も見いだすことができ、文脈を問わずに起こる傾向、類似性を見いだせると述べています。ただし、場合によっては集団の傾向を知る必要もあるので、量的研究の必要性がなくなったというわけではありません。複数の事例研究によって導かれた傾向から仮説を立て、検証することも有意義でしょう。

また、シンボリック能力や相互行為能力の伸びを調査するためには、マルチモーダルな話者間のやりとりを調査する必要があります。それには、会話シーンを録画し、その録画データを丁寧に分析して、発せられたことばだけではな

く、ポーズの取り方や長さのほか、複数の話者の発話がいつ重なっているかなども見る必要があります。また、発話以外にもそれぞれの話者の笑い、ジェスチャー、視線、姿勢、うなずきを分析する必要もあります。話者間のやりとりを単にことばのやりとりというより、社会的活動ととらえて、マルチモーダルに分析するアプローチを**会話分析**（conversational analysis）といいます。話者集団の分析をするのではなく、比較的限られた少人数について話者の属性や背景なども考慮しながら、丁寧に分析するのです。

　当初は言語学や心理学の理論や知見に基づく研究が多かったのですが、近年は言語学や心理学のみならず、社会学、社会人類学、情報科学、脳科学など多様な研究分野の知見や研究方法も参考に共同研究も行われ、一層学際的（transdisciplinary；トランスディシプリナリー）になってきました。

　このように SLA 研究の考え方も研究方法も進化を続け、新しい発見も報告され続けています。そして、それが外国語教育などでも活かされています。

課題5

　皆さんは、以上のような新たな SLA 研究の展開を知って、L2 の学習、支援、教育、研究のうち、自分にとって身近な領域で、どのようなアクションを起こしたいですか。具体的に考え、周りの人やグループで話してみましょう。

---

8. まとめと一言アドバイス

　皆さんは本書を通して SLA 研究の重要な点を把握し、最近の新たな展開についても理解を深め、課題5で SLA 研究の知識や理解を活かしてどのようなアクションを起こすかも考えました。是非とも実りのある実践をしていただきたいと思います。

　しかし、一言アドバイスです。本書は「超基礎」ですので、十分に説明ができなかったこともたくさんあります。ですので、各章で紹介している「もっと知りたい人へ」のさまざまな著書を読んだり、講演会に参加したりしてさらに学んでいってください。

　それに、ずっと同じ知識や理解で実践を続けるというわけにはいきません。

おそらくお気づきのことと思いますが、今も多くの SLA 研究者がこれまでの知見を基により深く、または、新しい視点から L2 の習得や使用についての研究を進めています。また、SLA 研究の知見を活かして実践する人も、より良い実践のために調査や工夫をしています。

　研究も実践も、社会や人々の変化(ニーズ、行動パターン、願望など)に合わせて調整し高めていく必要があります。自分の L2 の学習やより有効な L2 使用に SLA 研究の知見を活かそうと思う人も、研究者や実践者を目指す人も、ぜひ常にアンテナを張って動向を注視してください。今やインターネットのおかげで世界と繋がり、世界各地の動向について瞬時に知ることができますので、最大限に活かしましょう。

　それでは、皆さん、(筆者の L2 で)Good luck, 화이팅 , 加油 , & Bonne chance!

もっと知りたい人へ

○ 「SLA における留学研究の変遷と展望－さまざまな留学環境とそれぞれの行為主体性（agency）」『第二言語としての日本語の習得研究』第 23 号, pp.102-123. 岩﨑典子（2020／凡人社）

○ 『ヴィゴツキー 入門』柴田義松（2006／子どもの未来社）

コラム 15

L2 習得の「成功」とは－Wes は僕のヒーローだ

　SLA 研究者のシュミット（Schmidt 1983）は、Wes という日本人画家を L2 英語習得の対象として縦断研究をしていました。筆者はロンドン大学の SLA の授業で、この研究を取り上げていました。そして、この授業を履修していた L2 日本語使用者である大学院生（英国出身、言語学専攻）は、「Wes は僕のヒーローだ」と言い、感銘を受けていました。Wes はどうして彼のヒーローなのでしょう。

　Wes は、ハワイの雰囲気やハワイの人が好きで、東京からホノルルに移住しました。Schmidt は、Wes が移住の準備のためにハワイと日本を行き来していた 33 歳の時から約 3 年間の調査をしました。Wes は画家になるために 15 歳から修業を始め、中学で学んだ英語はほとんど覚えていませんでした。その後も教室環境で学習することはなく、人とおしゃべりするのが好きな社交的性格だったので、間違えることを気にせず積極的に地元の人と話して友人が増え、自然環境で英語を「習得」していきました。

　Schmidt によると 3 年経っても文法の習得はほとんど見られず、例えば、*"she's name is Izumi"* とか *"ah, you has keys?"*（英語の疑問文が作れずにイントネーションで疑問を表現する）のような感じだったということです。文法知識が欠如していたため、コミュニケーションに問題が生じることはありましたが、伝えようという意欲が旺盛で、相手のメッセージを理解しようと根気よく努力し、ほとんどの場合問題を解決できたということです。丸暗記した表現を使ったり、日々、人とコミュニケーションをすることを繰り返し、依頼の表現などには発達が見られました。

　最も伸びたのは、談話能力で、面白おかしく物語ることもでき、冗談を交えて雑談ができたそうです。Wes は話し好きなだけではなく、相手の話を熱心に聞く、いい聞き手でもあったので、長時間にわたって話題が絶えることなく、おしゃべりができました。絵画の展示会に来た人たちとおしゃべりしたり、絵の描き方を説明しながら実演したりすることもできました。英語で読み書きはほとんどできませんでしたが、周りの人は Wes の英語能力を高く評価していま

214

した。

　Schmidt は、Wes が「L2（第二言語）」の 'good learner' なのか 'poor learner' なのかは、「言語」が何を指すのか、または、SLA 研究で見る L2 習得は何なのかによるといいます。「言語」を人間関係の構築や生計を立てるための手段と考えるなら、Wes は 'good learner' で、「言語」が文法や語彙の体系だと考えるなら、'poor learner' だと述べています。本書を読んだ皆さんは、Wes は、「学習者」というより「使用者」であるととらえた方がいいと思われるのではないでしょうか。Wes の友人が日本からハネムーンでハワイを訪問したとき、その友人は大学でも英語を学習し、英語の文法や語彙の知識はかなりあったにも関わらず英語を使ってコミュニケーションができず、Wes が通訳をしてハワイを案内していたという逸話を Schmidt は添えています。

　以上の Schmit の研究から、なぜ Wes のことを、L2 日本語使用者である大学院生が自分のヒーローと考えたのか、おわかりになったのではないでしょうか。

　さて、皆さんにとって、L2 習得の成功とはどのようなことでしょうか。

Schmidt, R.W.（1983）. Interaction, acculturation, and acquisition of communicative competence: A case study of an adult. In N. Wolfson & E. Judd（Eds.）*Sociolinguistics and language acquisition*（pp.137-174）. Rowley, MA: Newbury House.

参考文献・参考 URL

■第1章

奥野由紀子（2018）「学習者書き言葉コーパス分析」『コーパスで学ぶ日本語学　日本語教育への応用』（pp. 79-104）. 朝倉書店.

金澤裕之（編）（2014）『日本語教育のためのタスク別書き言葉コーパス』ひつじ書房 .

鎌田修・嶋田和子・三浦謙一（編）牧野成一・奥野由紀子・李在鎬（2020）『OPI による会話能力の評価—テスティング、教育、研究に生かす—』凡人社.

クック峰岸治子（2014）「言語社会化理論における指標研究と第二言語習得」『第二言語としての日本語習得研究』17, 80-96.

迫田久美子・石川慎一郎・李在鎬（編）（2020）『日本語学習者コーパス I-JAS 入門：研究・教育にどう使うか』くろしお出版.

Cook, V. (Ed.). (2002). *Portraits of the L2 user.* Multilingual Matters.

■第2章

阿部潤（2017）『生成文法理論の哲学的意義—言語の内在的・自然主義的アプローチ—』開拓社.

和泉伸一（2016）「第4章 どうやって言葉は習得されるのか？〜母語習得の理論〜」『第2言語習得と母語習得から「言語の学び」を考える—より良い英語学習と英語教育へのヒント』（pp. 125-160）. アルク.

今井むつみ（2020）『親子で育てる　ことば力と思考力』筑摩書房.

今井むつみ・野島久雄・岡田浩之（2012）『新・人が学ぶということ—認知学習論からの視点』北樹出版.

大津由紀雄（1999）「第1章 言語の普遍性と領域固有性」『岩波講座言語の科学 10 言語の獲得と喪失』（pp. 1-37）. 岩波書店.

岡ノ谷一夫（2010）『言葉はなぜ生まれたのか』文藝春秋.

奥野由紀子（2005）『第二言語習得過程における言語転移の研究』風間書房.

オドリン・テレンス（著）丹下省吾（訳）（1995）『言語転移』リーベル出版.

木下耕児（2004）「第1章 UG 理論と第二言語習得研究」小池生夫（編）『第二言語習得研究の現在—これからの外国語教育への視点』（pp. 3-22）. 大修館書店.

澤崎宏一・張均（2020）「目的語省略文にみる中国人日本語学習者の L1 転移と逆行転移—省略の有無と有生性が転移にどのように影響するのか—」白畑知彦・須田孝司（編）『第二言語習得の波及効果—コアグラマーから発話まで—』（pp. 87-127）. くろしお出版.

清水崇文（2012）「語用論的転移の双方向性—日本人英語学習者とアメリカ人日本語学習者の対照研究—」畑佐一味・畑佐由紀子・百済正和・清水崇文（編）『第二言語習得研究と言語教育』（pp. 150-171）. くろしお出版.

杉崎鉱司（2015）『はじめての言語獲得—普遍文法に基づくアプローチ—』岩波書店.

鈴木孝明・白畑知彦（2012）『ことばの習得—母語獲得と第二言語習得—』くろしお出版.

長南浩人（2005）『手話の心理学入門』東峰書房.

中石ゆうこ（2016）「日本語を母語とする二幼児の自動詞・他動詞の誤用」『県立広島大学人間文化学部紀要』11, 75-85.

中島義明（編）（1999）『心理学辞典』有斐閣.

ニール・スミス、ニコラス・アロット（著）今井邦彦・外池滋生・中島平三・西山佑司（訳）（2019）『チョムスキーの言語理論　その出発点から最新理論まで』新曜社.

藤永保（2001）『ことばはどこで育つか』大修館書店.

マイケル・トマセロ（著）辻幸夫・野村益寛・出原健一・菅井三実・鍋島弘治朗・森吉直子（訳）（2008）『ことばをつくる—言語習得の認知言語学的アプローチ—』慶應義塾大学出版会.

森山新・向山陽子（編）（2016）『第二言語としての日本語習得研究の展望：第二言語から多言語へ』ココ出版.

遊佐典昭（2016）「8. ヒトは構造が大好き！【ことばの獲得】」中島平三（編）『ことばのおもしろ事典』（pp. 74-83）. 朝倉書店.

Cook, V.(Ed.).(2003). *Effects of the second language on the first.* Multilingual Matters.

Corder, P. (1967). The significance of learner's errors. *International Review of Applied Linguistics 5,* 161-169.

Jarvis, S. and Pavlenko, A.(2008). *Crosslinguistic influence in language and cognition.* Routledge.

Kellerman, E.(1984). The empirical evidence for the influence of the L1 in interlanguage. In A. Davies, C. Criper, & A. P. R. Howatt,. (Eds.), *Interlanguage* (pp. 109-122). Edinburgh University Press.

Lado, R.(1957). *Linguistics across cultures: Applied linguistics for language teachers.* University of Michigan Press.

Odlin,T.(1989). *Language transfer.* Cambridge University Press.

Ringbom, H.(2007). *Cross-linguistic similarity in foreign language learning.* Multilingual Matters.

Zobl, H.(1984). Cross-language generalizations and the contrastive dimension of the interlanguage hypothesis. In A.Davies, C.Criper & A.P. R. Howatt (Eds.), *Input in second language aquisition*(pp. 79-97). Edinburgh University Press.

■第3章

迫田久美子（2001）「学習者の誤用を産み出す言語処理のストラテジー（1）場所を表す『に』と『で』の場合」『広島大学日本語教育研究』11, 17-22.

柴田美紀・横田秀樹（2014）『英語教育の素朴な疑問─教えるときの「思い込み」から考える─』くろしお出版.

中石ゆうこ（2005）「日本語学習者による対のある自他動詞の使用の不均衡性 ─OPI データの分析を通して─」『日本教科教育学会誌』28(1), 59-68.

日本認知心理学会（編）（2013）『認知心理学ハンドブック』有斐閣.

村端五郎・村端佳子（2016）『第 2 言語ユーザのことばと心─マルチコンピテンスからの提言─』開拓社.

Corder, P. (1967). The significance of learner's errors. *International Review of Applied Linguistics 5,* 161-169.

Kellerman, E. (1985). If At first you do succeed. In S.M. Gass & C.G. Madden (Eds.), *Input in second language acquisition* (pp. 345-353). Newbury House.Schachter, J. (1974). An error in error analysis. *Language Learning, 24*(2), 205-214.

Selinker, L. (1972). Interlanguage. *International Review of Applied Linguistics, 10*(3), 209-231.

▶ URL

「I-JAS 多言語母語の日本語学習者横断コーパス」（IID44-I）
　　https://chunagon.ninjal.ac.jp/static/ijas/about.html 　（2021 年 11 月 8 日閲覧）
「日本語学習者の話し言葉を調査するタグ付き KY コーパス」
　　http://jhlee.sakura.ne.jp/kyc/corpus/ 　（2021 年 11 月 8 日閲覧）
「日本語教育の参照枠─日本語能力評価について─ 二次報告（案）」文化庁 第 76 回文化審議会国語分科会 https://www.bunka.go.jp/seisaku/bunkashingikai/kokugo/hokoku/pdf/92880801_01.pdf
（2021 年 8 月 26 日閲覧）

■第4章

池田玲子・舘岡洋子（2007）『ピア・ラーニング入門　創造的な学びのデザインのために』ひつじ書房.

和泉伸一（2009）『「フォーカス・オン・フォーム」を取り入れた新しい英語教育』大修館書店.

小河原義朗・木谷直之（2020）『「再話」を取り入れた日本語授業　初中級からの読解』凡人社.

迫田久美子・古本裕美（編著）（2019）『日本語教師のためのシャドーイング指導』くろしお出版.

白井恭弘（監修）大関浩美（2010）『日本語を教えるための第二言語習得論入門』くろしお出版.

廣森友人（2015）『英語学習のメカニズム　第二言語習得研究にもとづく効果的な勉強法』大修館書店.

村野井仁（2006）『第二言語習得研究から見た効果的な英語学習法・指導法』大修館書店.

de Bot, K. (1996). The psycholinguistics of the output hypothesis. *Language Learning, 46* (3), 529-555.

Gass, S. M., Behney, J., & Plonsky, L. (2020). *Second language acquisition: An introductory course (5th ed.).* Routledge.

Harmer, J. (2015). *The practice of English language teaching (5th ed.).* Person Education Limited.

Krashen, S. D. (1985). *The input hypothesis: Issues and implications.* Longman.

Long, M. H. (1996). The role of the linguistic environment in second language acquisition. In W. C. Ritchie, & T. K.

Bhatia (Eds.), *Handbook of second language acquisition* (pp. 413–468). Academic Press.

Schachter, J.(1974). An error in error analysis. *Language Learning, 24*(2), 205–214.

Swain, M. (2005). The output hypothesis: Theory and research. In E. Hinkel (Ed.), *Handbook of research in second language teaching and learning* (pp. 471–483). Routledge.

■第5章

苧阪満里子（2002）『脳のメモ帳　ワーキングメモリ』新曜社.

菊地恵太（2015）『英語学習動機の減退要因の探求　日本人学習者の調査を中心に』ひつじ書房.

自己調整学習研究会（編）（2012）『自己調整学習　理論と実践の新たな展開へ』北大路書房.

廣森友人（2010）「動機づけ研究の観点から見た効果的な英語指導法」小嶋英夫・尾関直子・廣森友人（編）『成長する英語学習者　学習者要因と自律学習』大修館書店.

向山陽子（2013）『第二言語習得における言語適性の役割』ココ出版.

Deci, E. L., & Ryan, R. M. (Eds.). (2002). *Handbook of self-determination research.* The University of Rochester Press.

Dörnyei, Z., & Ushioda, E. (2021). *Teaching and researching motivation (3rd ed.).* Routledge.

Gardner, R. C. (2010). *Motivation and second language acquisition: The socio-educational model.* Peter Lang.

Nakamura, T. (2019). *Language acquisition and the multilingual ideal: Exploring Japanese language learning motivation.* Bloomsbury Publishing.

O'Malley, J. M., & Chamot, A. U. (1990). *Learning strategies in second language acquisition.* Cambridge University Press.

Oxford, R. L. (2016). *Teaching and researching language learning strategies: Self-regulation in context (2nd ed.).* Routledge.

Skehan, P. (1998). *A cognitive approach to language learning.* Oxford University Press.

■第6章

小田佐智子（2017）「自然習得者の日本語連用の特徴」『ことばと文字』8, 62-72.

菊岡由夏・神吉宇一（2010）「就労現場の言語活動を通した第二言語習得過程の研究―「一次的ことばと二次的ことば」の観点による言語発達の限界と可能性―」『日本語教育』146, 129-142.

富谷玲子・内海由美子・斉藤祐美（2009）「結婚移住女性の言語生活―自然習得による日本語能力の実態分析」『多言語多文化―実践と研究』2, 116-137.

ナカミズ・エレン（1998）「ブラジル人就労者における動詞習得の実態―自然習得から学習へ―」『阪大日本語研究』10, 77-94.

森篤嗣（2011）「職種別に見た滞日年数と言語能力の相関―日本語能力自己評価と言語行動可能項目数を指標として―」『社会言語科学』13（2）, 97-106.

Hasegawa, A. (2019). *The social lives of study abroad: Understanding second language learners' experiences through social network analysis and conversation analysis.* Routledge.

Iwasaki, N. (2008/2010). Style shifts among Japanese learners before and after study abroad in Japan: Becoming active social agents in Japanese. *Applied Linguistics, 31*(1), 45–71.

Krashen, S.D. (1985). *The input hypothesis: Issues and implications.* Longman.

Long, M.H. (1991). Focus on form: A design feature in language teaching methodology. In K.de Bot, R. Ginsberg, & C. Kramsch (Eds.). *Foreign language research in cross-cultural perspective* (pp. 39–52.). John Benjamins.

Toda, T. (2007). Focus on form in teaching connected speech. In J. D.Brown & K. Kondo-Brown (Eds.). *Perspectives on teaching connected speech to second language speakers* (pp. 189–206). University of Hawaii Press.

■第7章

木村護郎クリストフ（2011）「「共生」への視点としての言語権―多言語的公共圏に向けて」植田晃次・山下仁（編著）『「共生」の内実　批判的社会言語学からの問いかけ』三元社.

迫田久美子（2020）『改訂版 日本語教育に生かす第二言語習得研究』アルク.

本田弘之・岩田一成・義永美央子・渡部倫子（2014）『日本語教育学の歩き方―初学者のための研究ガイド―』大阪大学出版会.

Duff, P., & Talmy, S. (2011). Language socialization approaches to second language acquisition: Social, cultural, and linguistic development in additional languages. In D. Atkinson (Ed.), *Alternative approaches to SLA* (pp. 95–116). Routledge.

Firth, A., & Wagner, J. (1997). On discourse, communication, and (some) fundamental concepts in SLA research. *The*

Modern Language Journal, 81, 285–300.

Firth, A., & Wagner, J. (2007). Second/Foreign language learning as a social accomplishment: elaborations on a reconceptualized SLA. *The Modern Language Journal, 91*, 800–819.

Lave, J., & Wenger, E. (1991). *Situated learning: Legitimate peripheral participation.* Cambridge University Press.

Mori, J. (2007). Boarder crossing? Exploring the interaction of second language acquisition, conversation analysis, and foreign language pedagogy. *The Modern Language Journal, 91*, 849–862.

Watson-Gegeo, K. A. (2004). Mind, language, and epistemology: Toward a language socialization paradigm for SLA. *The Modern Language Journal, 88*, 331–350.

Wenger , E. (1998). *Community of practice: Learning, meaning, and identity.* Cambridge University Press.

Wong, J. (2000). Delayed next turn repair initiation in native/non-native speaker English conversation. *Applied Linguistics, 21*, 244–267.

URL

「在留外国人統計」法務省出入国在留管理庁
　　https://www.moj.go.jp/isa/policies/statistics/toukei_ichiran_touroku.html (2021 年 11 月 8 日閲覧覧)

「出入国在留管理庁ホームページ」 法務省　http://www.immi-moj.go.jp/（2021 年 11 月 8 日閲覧）

「人口推計」総務省統計局　https://www.stat.go.jp/data/jinsui/index.html (2021 年 11 月 8 日閲覧)

「地域における多文化共生推進プラン」総務省
　　https://www.soumu.go.jp/menu_seisaku/chiho/02gyosei05_03000060.html (2021 年 11 月 8 日閲覧)

「広島市日本語教育実態調査結果報告書（令和 2 年 2 月）」広島市
　　https://www.city.hiroshima.lg.jp/uploaded/life/108995_166409_misc.pdf（2021 年 11 月 8 日閲覧）

「令和 2 年度　国内の日本語教育の概要」文化庁
　　https://www.bunka.go.jp/tokei_hakusho_shuppan/tokeichosa/nihongokyoiku_jittai/r02/
　　　　　　　　　　　　　　　　　　　　　　　　　　　　　　　　　（2021 年 11 月 8 日閲覧）

■第 8 章

OECD（編著）斎藤里美（監訳）木下江美・布川あゆみ（訳）（2007）『移民の子どもと学力—社会的背景が学習にどんな影響を与えるのか』明石書店.

櫻井千穂（2018）『外国にルーツをもつ子どものバイリンガル読書力』大阪大学出版会.

ジム・カミンズ（著）中島和子（訳著）（2011）『言語マイノリティを支える教育』慶應義塾大学出版会.

中島和子（2016）『完全改訂版 バイリンガル教育の方法—12 歳までに親と教師ができること—』アルク.

文部科学省（2014）『外国人児童生徒のための JSL 対話型アセスメント DLA』

Cummins, J. (1984). *Bilingualism and special education: Issues in assessment and pedagogy.* Multilingual Matters.

Cummins, J. (2001). *Negotiating tdentities: Education for empowerment in a diverse society.* California Association for Bilingual Education.

Council of Europe (2001). *Common european framework of reference for languages: Learning, teaching, assessment.* Cambridge University Press.

García, O. (2009). *Bilingual education in the 21st century: A global perspective.* Wiley-Blackwell.

Skutnabb-Kangas, T. (1981/1984). *Bilingualism or not: The education of minorities.* Multilingual Matters.

Thomas, W. P. & Collier, V. P. (2002). *A national study of school effectiveness for language minority students' long-term academic achievement.* Center for Research on Education, Diversity & Excellence.

■第 9 章

URL

「外国人児童生徒受入れの手引」文部科学省（2011/2019 改訂）
　　https://www.mext.go.jp/a_menu/shotou/clarinet/002/1304668.htm (2021 年 11 月 8 日日閲覧）

「学校教育法施行規則の一部を改正する省令等の施行について」文部科学省（2014a）
　　http://www.mext.go.jp/a_menu/shotou/clarinet/003/1341903.htm（2021 年 11 月 8 日閲覧）

「外国人児童生徒のための JSL 対話型アセスメント DLA」文部科学省（2014b）
　　https://www.mext.go.jp/a_menu/shotou/clarinet/003/1345413.htm（2021 年 11 月 8 日閲覧）

「学校基本調査」文部科学省（2019）
　　http://www.mext.go.jp/b_menu/toukei/chousa01/kihon/1267995.htm（2021 年 11 月 8 日閲覧）
「日本語指導が必要な児童生徒の受入状況等に関する調査」文部科学省（2020）
　　https://www.mext.go.jp/content/20200110_mxt-kyousei01-1421569_00001_02.pdf（2021 年 11 月 8 日閲覧）

■第 10 章
和泉伸一（2016）『フォーカス・オン・フォームと CLIL の英語授業』アルク.
白井恭弘（監修）大関浩美（2010）『日本語を教えるための第二言語習得論入門』くろしお出版.
大関浩美（編著）・名部井敏代・森博英・田中真理・原田三千代（2015）『フィードバック研究への招待』
　　くろしお出版.
鎌田修（監修）奥野由紀子・金庭久美子・山森理恵（2016）『生きた会話を学ぶ中級から上級への日本語
　　なりきりリスニング』ジャパンタイムズ出版.
鎌田修（監修）山森理恵・金庭久美子・奥野由紀子（2021）『リアルな会話で学ぶにほんご初中級リスニ
　　ング Alive』ジャパンタイムズ出版.
小柳かおる（2020）『第二言語習得について日本語教師が知っておくべきこと』くろしお出版.
『コミュニケーションとは何か―ポスト・コミュニカティブ・アプローチ』くろしお出版.
熊谷由理・佐藤慎司（2019）「コミュニカティブ・アプローチをめぐって―ポスト・コミュニカティブ・
　　アプローチがめざすもの」佐藤慎司（編）『コミュニケーションとは何か―ポスト・コミュニカティブ・
　　アプローチ』（pp. 2-28）．くろしお出版．
鈴木渉（編）（2017）『実践例で学ぶ第二言語習得研究に基づく英語指導』大修館書店.
畑佐由紀子（2018）『日本語の習得を支援するカリキュラムの考え方』くろしお出版.
Celce-Murcia, M.(2007). Rethinking of the role of communicative competence in language teaching. In E. A. Solar, & M.
　　P. S. Jorda (Eds.), *Intercultural language use and language learning* (pp. 41-57). Dordrecht, Netherlands.
Hyes, D. H. (1972). On communicative competence. In J. B. Pride, & J. Homes (Eds.), *Sociolinguistics* (pp. 269-293).
　　Penguin Education, Penguin Books Ltd.
Mackey, A. (2020). *Interaction, feedback, and task research in second language learning: Methods and design.* Cambridge
　　University Press.
Nassaji, H. & Kartchava, E. (Eds.) (2021). *The cambridge handbook of corrective feedback in language learning and teaching.*
　　Cambridge University Press.

■第 11 章
奥野由紀子（2019）「「内容＋言語」の教育と習得―序にかえて―」『第二言語としての日本語の習得研究』
　　22, 5-9.
奥野由紀子（編）小林明子・佐藤礼子・元田静・渡部倫子（2018）『日本語教師のための CLIL 入門』凡
　　人社.
奥野由紀子（編）小林明子・佐藤礼子・元田静・渡部倫子（2021）『日本語×世界の課題を学ぶ日本語で
　　PEACE［proverty 中上級］』凡人社.
小口悠紀子（2019）「大学の初級日本語クラスにおけるタスク・ベースの言語指導―マイクロ評価に基づ
　　く考察を中心に―」『日本語教育』174, 56-70.
小林明子・奥野由紀子（2019）「内容言語統合型学習（CLIL）の実践と効果―日本語教育への新しい教
　　育的アプローチ―」『第二言語としての日本語の習得研究』22, 29-43.
白井恭弘（監修）（2010）大関浩美『日本語を教えるための第二言語習得論入門』くろしお出版.
鈴木渉（編）（2017）『実践例で学ぶ第二言語習得研究に基づく英語指導』大修館書店.
畑佐由紀子（2018）『日本語の習得を支援するカリキュラムの考え方』くろしお出版.
森篤嗣（編）太田陽子・奥野由紀子・小口悠紀子・嶋ちはる・中石ゆうこ・栁田直美（2019）『超基礎日
　　本語教育』くろしお出版.
山内博之（2014）『新版　ロールプレイで学ぶ　中級から上級への日本語会話』凡人社.
Ellis, R., Skehan, P., Li, S., Shintani, N., and Lambert, C. (2019). *Task-based language teaching: Theory and practice.*
　　Cambridge University.
Long, M. H. (1996). The role of the linguistic environment in second language acquisition. In W. C. Ritchie & T. K.

Bhatia (Eds.) *Handbook of second language acquisition* (pp. 413–468). Academic Press.

Macalister, J. & Nation, I. S. P. (2010) *Language curriculum design*. Routledge.

Schmidt, R.W. (1990). The role of consciousness in second language learning. *Applied Linguistics, 11*, 129–158.

Swain, M. (2005). The output hypothesis: Theory and research. In E. Hinkel (Ed.), *Handbook of research in second language teaching and learning* (pp. 471–483). Routledge.

Willis, D., & Willis, J. (2007). *Doing task-based teaching*. Oxford University Press.

■第12章
URL

「日本語能力試験公式ウェブサイト」国際交流基金・日本国際教育支援協会
https://www.jlpt.jp/index.html（2021 年 11 月 8 日閲覧）

「みんなの Can-do サイト」国際交流基金
https://jfstandard.jp/cando/top/ja/render.do（2021 年 11 月 8 日閲覧）

「外国人児童生徒のための JSL 対話型アセスメント DLA」文部科学省
https://www.mext.go.jp/a_menu/shotou/clarinet/003/1345413.htm（2021 年 11 月 8 日閲覧）

「外国人児童生徒のための JSL 対話型アセスメント DLA ＜使い方映像マニュアル＞」東京外国語大学
https://www.youtube.com/watch?v=CT1B_ZQFDFw（2021 年 11 月 8 日閲覧）

「日本語学習者会話データベース　ACTFL-OPI（音声データ）」国立国語研究所
https://mmsrv.ninjal.ac.jp/kaiwa/index.html（2021 年 11 月 8 日閲覧）

「JF 日本語教育スタンダード」国際交流基金
https://jfstandard.jp/summary/ja/render.do（2021 年 11 月 8 日閲覧））

「Langtest.jp（統計ウェブアプリ）」
http://langtest.jp/（2021 年 11 月 8 日閲覧）

■第13章

大野木裕明・中澤潤（編著）（2002）『心理学マニュアル研究法レッスン』北大路書房.

ハーバート・W・セリガー、イラーナ・ショハミー（著）土屋武久・森田彰・星美季・狩野紀子（訳）（2001）『外国語教育リサーチマニュアル』大修館書店.

URL

「ACTFL 言語運用能力ガイドライン 2012 年版—スピーキング」ACTFL
https://www.actfl.org/resources/actfl-proficiency-guidelines-2012/japanese/%E3%82%B9%E3%83%94%E3%83%BC%E3%82%AD%E3%83%B3%E3%82%B0　（2021 年 11 月 8 日閲覧）

■第14章

太田裕子（2019）『はじめて「質的研究」を「書く」あなたへ—研究計画から論文作成まで—』東京図書.

奥野由紀子（2020）「研究に生かす OPI—OPI データが語る日本語の習得過程—」鎌田修・嶋田和子・三浦謙一（編）『OPI による会話能力の評価—テスティング、教育、研究に生かす—』（pp. 152-185）. 凡人社.

抱井尚子（2020）「混合研究法—量と質の境界を超えて—」『第二言語としての日本語の習得研究』23, 132-137.

金澤裕之（編）（2014）『日本語教育のためのタスク別書き言葉コーパス』ひつじ書房.

島田めぐみ・野田裕之（2017）『日本語教育のためのはじめての統計分析』ひつじ書房.

Iwasaki, N. (2008/2010). Style shifts among Japanese learners before and after study abroad in Japan: Becoming active social agents in Japanese. *Applied Linguistics, 31*(1), 45–71.

Iwasaki, N. (2011). Learning L2 Japanese "politeness" and "impoliteness": Young American men's dilemmas during study abroad. *Japanese Language and Literature, 45*, 67–106. American Association of Teachers of Japanese.

Mackey, A., & Gass, S. M. (2016). *Second language research: Methodology and design. 2nd edition*. Routledge.

Okamoto, S. (1999). Situated politeness: Manipulating honorific and non-honorific expressions in Japanese conversations. *Pragmatics, 9*(1), 51–74. John Benjamins.

Reichardt, C. S., & Rallis, S. F. (1994). Qualitative and quantitative inquiries are not incompatible: A call for a new partnership. In C. S. Reichardt & S. F. Rallis (Eds.), *The qualitative quantitative debate: New perspectives*. (pp. 85–92). Springer.

Siegal, M. (1994). *Looking east: Learning Japanese as a second language in Japan and the interaction of race, gender and social context*. PhD dissertation. University of California, Berkeley.

コラム 14 :

姫辻麻利子（2016）「言語ポートレート活動について」*Études didactique du FLE au Japon*, 25, 62–77.

Busch, B. (2018). The language portrait in multilingualism research: Theoretical and methodological consideration. *Working Papers in Urban language & Literacies*, Paper 236, 1–13.

Iwasaki, N. (2019). British university students studying abroad in Japan: L2 Japanese learners' multilingual selves captured by language portraits, *Learner Development Journal, 3, Learner Identities and Transition*, 135–151.

https://ldjournalsite.wordpress.com/issue-three-identities-and-transitions-2019/

■第 15 章

尾辻恵美（2011）「メトロリンガリズムと日本語教育—言語文化の境界線と言語能力」『リテラシーズ』9, 21–30.

Benson, P. (2019). Ways of seeing: The individual and the social in applied linguistics research methodologies. *Language Teaching*, *52*(1), 60–70.

Block, D. (2003). *The social turn in second language acquisition*. Georgetown University Press.

Block, D. (2007). The rise of identity in SLA research, post Firth and Wagner (1997). *The Modern Language Journal, 91* Focus Issue, 863–876.

Coleman, J. (2013). Researching whole people and whole lives. In C. Kinginger (Ed.), *Social and cultural aspects of language learning in study abroad* (pp. 17–44). John Benjamins.

Cook, V. (2016). Premise of multi-competence. In V. Cook & Li Wei (Eds.), *The Cambridge handbook of linguistic multi-competence* (pp. 1–25). Cambridge University Press.

Corder, P. (1967) The significance of learner's errors. *International Review of Applied Linguistics 5*, 161–169.

Cummins, J. (1984). *Bilingualism and special education: Issues in assessment and pedagogy*. Multilingual Matters.

Firth, A., & Wagner, J. (1997). On discourse, communication, and (some) fundamental concepts in SLA research, *The Modern Language Journal, 81*, 285–300.

García, O., & Li Wei (2014). *Translanguaging: Language, bilingualism and education*. Palgrave Macmillan.

Jesperson, O. (1904). *How to teach a foreign language*. George Allen & Urwin.

Kramsch, C. (2006). From communicative competence to symbolic competence. *The Modern Language Journal, 90*(2), 249–252.

Lantolf, J.P., & Pavlenko, A. (1995). Sociocultural theory and second language acquisition. *Annual Review of Applied Linguistics, 15*, 108–124.

Larsen-Freeman, D. (2007). Reflecting on the cognitive-social debate in second language acquisition. *The Modern Language Journal, 91*, Focus Issue, 773–787.

Larsen-Freeman, D. (2014). Complexity theory. In B. VanPatten & J. Williams (Eds.) *Theories in second language acquisition: An introduction*. (pp. 227–244). Second Edition. Routledge.

Larsen-Freeman, D. (2018). Looking ahead: Future directions in, and future research into, second language acquisition. *Foreign Language Annals, 51*, 55–72.

Norton Peirce, B. (1995). Social identity, investment, and language learning, *TESOL Quarterly, 29*(1), 9–31.

Thorne, S. L., & Lantolf, J. P. (2006). A linguistics of communicative activity. In S. Makoni & A. Pennycook (Eds.), *Disinventing and reconstituting languages*. (pp. 170–195). Multilingual Matters.

Young, R. F. (2019). Interactional competence and L2 pragmatics. In N. Taguchi (Ed.), *The Rougledge handbook of second language acquisition and pragmatic*. (pp. 93–110). Rougledge.

索　引

223

付録 ①：学習者の言語コーパス（pp.20）

■ KY コーパス

OPI（Oral Proficiency Interview）によってレベル判定がなされた、L2 英語使用者 30 名、L2 中国語使用者 30 名、L2 韓国語使用者 30 名、全 90 名分の発話文字化データが収録されたコーパス（鎌田他 2020）。レベルの内訳は、初級が各 5 名、中級、上級が各 10 名、超級が各 10 名となっている。データの規模は小さいが、L1 やレベルごとの比較が行いやすい。開発者の鎌田修氏と山内博之氏の頭文字をとって名付けられた。

»» 利用方法	山内博之氏（管理者 yamauchi-hiroyuki@jissen.ac.jp）へ申請により入手。
»» 追記	「KY コーパス」に形態素解析を行い、品詞などの言語情報をタグとして付与した「タグ付き KY コーパス（http://jhlee.sakura.ne.jp/kyc/）」が李在鎬氏によって公開されている。

■ YNU コーパス（日本語教育のためのタスク別書き言葉コーパス）

L1 日本語の大学生 30 名、L2 日本語大学生 60 名（L2 中国語使用者 30 名、L2 韓国語使用者 30 名）が書いた 12 種類の作文タスク（合計 1080 編）をコーパス化したもの。作成者らによる作文評価により、各 L2 により上位群、中位群、下位群（各 10 名）に分けられている。L2 使用者の作文をできるだけ再現したオリジナルデータと、検索の利便性を目的として整えた補正データの 2 種類のデータが格納されている。収集した横浜国立大学の頭文字をとって「YNU コーパス」の略称で呼ばれる。

»» 利用方法	『日本語教育のためのタスク別書き言葉コーパス』（金澤裕之（編）ひつじ書房（2014）） ※全 12 種類のタスクについての総合評価結果をレベル別・母語別にまとめ特徴を示し、さらに活用した研究の実例を紹介。全作文データを収めた CD-ROM が付き。

■ I-JAS（多言語母語の学習語学習者横断コーパス）

日本を含む 20 の国と地域で、異なった 12 言語を母語とする L2 日本語使用者 1000 人の話し言葉および書き言葉と L1 日本語使用者のデータ 50 名分が収集されている（迫田他 2020）。検索システムが備わっており、発話の文字化データだけではなく、音声データも公開。また日本語能力を判定するテストの点数及び、L2 使用者の言語使用に関する背景情報も見ることができる。データの内容は、2 種類のストーリー・テリング（物語描写タスク）、インタビュアーとの対話、ロールプレイ、ストーリー・ライティング（ストーリー・テリングと同一の 2 種類のタスク）、作文・エッセイ。「International Corpus of Japanese as a Second Language」の略称「I-JAS」で呼ばれる。

»» 利用方法	国語国立研究所が作成しているコーパス検索アプリケーション『中納言』のユーザー登録と I-JAS の利用申請により利用が可能。 https://chunagon.ninjal.ac.jp/static/ijas/about.html

調査研究のチェックリスト

［キーワード］

　□ 研究のキーワードの定義が不十分ではありませんか

［方法］

　□ リサーチ・クエスチョンが調査内容と合っていますか

［調査対象］

　□ 調査対象に不自然なかたよりがありませんか

　□ 調査対象と比較できるグループ（比較群または統制群と呼びます）を設定
　　 していますか

　□ 調査人数を十分に確保していますか

［材料］

　□ 調査材料にまぎらわしいところはありませんか

　□ 調査材料は目的にふさわしく、見たいものを見ることができていますか

［調査項目］

　□ 調査項目に不自然なかたよりがありませんか

　□ 調査項目数を十分に確保していますか

　□ 調査項目数が多すぎて、協力者の負担になっていませんか

［結果・考察］

　□ 結果の解釈が、ほかの人を説得できる、論理的なものですか

［情報・個人の保護］

　□ データの公開について、調査協力者に許可をもらっていますか

　□ 調査の協力を中断でき、それによって不利益を被ってはならないことを、
　　 協力者に説明しましたか

著者紹介

奥野 由紀子（おくの ゆきこ）[編者]

担当 はじめに, 第 1 章, 第 2 章, 第 14 章

現職 東京都立大学人文科学研究科 教授

略歴 広島大学大学院修了 博士（教育学）

著書 『第二言語習得過程における言語転移の研究－日本語学習者による「の」の過剰使用を対象に－』（風間書房, 2005）、『日本語教師のための CLIL 入門』（編著, 凡人社, 2018）、『日本語で PEACE －Poverty 中上級』（編著, 凡人社, 2021）など

メッセージ SLA 研究の知見を、L2 使用者をめぐる今日的課題の解決にいかに援用していけるかについて考えていきたいです。この本で仲間が増えると嬉しいです。

岩﨑 典子（いわさき のりこ）

担当 第 14 章, 第 15 章

現職 南山大学人文学部日本文化学科・人間文化研究科 教授

略歴 アリゾナ大学大学院修了 博士（第二言語習得と教育）

著書 『移動とことば』（共編著, くろしお出版, 2018）、*The Grammar of Japanese Mimetics: Perspectives from Structure, Acquisition, and Translation*（共編著, Routledge, 2017）、*The Routledge Intermediate to Advanced Japanese Reader: A Genre-Based Approach to Reading as a Social Practice*（共著, Routledge, 2015）など

メッセージ 今や人びとの移動が盛んです。これから一層 L2 使用者と交わることも L2 を使う機会も増えると思います。ぜひ SLA 研究の知見を色々な場面で生かしてください。

小口 悠紀子（こぐち ゆきこ）

担当 第 10 章, 第 11 章

現職 広島大学大学院人間社会科学研究科 准教授

略歴 広島大学大学院修了 博士（教育学）

著書 『ミニストーリーで覚える JLPT 日本語能力試験ベスト単語 N3 合格 2100』（共著, The Japan Times, 2021）、『日本語教育へのいざない－「日本語を教える」ということ』（共著, 凡人社, 2019）、『語から始まる教材づくり』（共著, くろしお出版, 2018）など

メッセージ 私なんかがやっていいの？ と恐る恐る始めたタスク・ベースの授業。学習者に合わなかったら辞めよう…と挑戦しましたが、「実用的！」「役立つ！」と嬉しい反応で継続中です。

小林 明子（こばやし あきこ）

担当 第 4 章, 第 5 章

現職 島根県立大学国際関係学部 准教授

略歴 広島大学大学院修了 博士（教育学）

著書 『日本語教育に役立つ心理学入門』（共著, くろしお出版, 2017）、『日本語教師のための CLIL 入門』（共著, 凡人社, 2018）など

メッセージ 外国語（L2）学習は、マラソンと似ています。自分に合う走り方（学習方法）を見つけて楽しく走ることが、長く走り続けるコツだと思います。

櫻井 千穂（さくらい ちほ）

担当 第 8 章, 第 9 章

現職 大阪大学人文学研究科 准教授

略歴 大阪大学大学院修了 博士（言語文化学）

著書 『外国にルーツをもつ子どものバイリンガル読書力』（大阪大学出版会, 2018）、『母語をなくさない日本語教育は可能か−定住二世児の二言語能力』（共著, 大阪大学出版会, 2019）など

メッセージ これからの多言語多文化社会をつくっていくのは私たち自身です。文化的言語的に多様な子ども（CLD 児）の可能性を奪わない教育の方法を一緒に考えていきましょう。

嶋 ちはる（しま ちはる）

担当 第 6 章, 第 7 章

現職 国際教養大学専門職大学院日本語教育実践領域 准教授

略歴 ウィスコンシン大学マディソン校大学院修了 博士（第二言語習得）

著書 『超基礎日本語教育』（共著, くろしお出版, 2019）、『語から始まる教材作り』（共著, くろしお出版, 2018）など

メッセージ たった一言しか知らない外国語（L2）でも方言でも、それがコミュニケーションを支えてくれることがあります。みなさんも、ぜひ自分の持つ言語リソースの豊かさに気付いてください。

中石 ゆうこ（なかいし ゆうこ）

担当 第 2 章, 第 3 章, 第 13 章

現職 県立広島大学 大学教育実践センター 国際交流センター 准教授

略歴 広島大学大学院修了 博士（教育学）

著書 『日本語の対のある自動詞・他動詞に関する第二言語習得研究』（日中言語文化出版社, 2020）、『超基礎日本語教育』（共著, くろしお出版, 2019）、『ニーズを踏まえた語彙シラバス』（共著, くろしお出版, 2016）など

メッセージ 研究仲間に話を聞いてもらったことが、もうこれ以上進めないという状況を抜けるきっかけになったことがありました。構想段階の発表を聞いてもらうのは勇気がいりますが、得るものも多いですね。

渡部 倫子（わたなべ ともこ）

担当 第 12 章

現職 広島大学大学院人間社会科学研究科 教授

略歴 広島大学大学院教育学研究科修了 博士（教育学）

著書 『日本語で PEACE CLIL 実践ガイド』（共著, 凡人社, 2022）、The integrated effects of extensive reading and speed reading on L2 Japanese learners' reading fluency.（共著, *Journal of Extensive Reading*, 10 (1), 1-24）など

メッセージ 何を評価したり評価されたりしているのかを考えてみたら、学ぶことも教えることも生きることも、もっと面白くなると思います。

■ 本文イラスト
村山宇希

■ 本文・装丁デザイン
工藤亜矢子（OKAPPA DESIGN）

超基礎・第二言語習得研究

2021 年 12 月 10 日　第 1 刷 発行
2023 年　9 月 29 日　第 2 刷 発行

［編著者］	奥野由紀子
［著者］	岩﨑典子・小口悠紀子・小林明子・櫻井千穂・嶋ちはる
	中石ゆうこ・渡部倫子
［発行人］	岡野秀夫
［発行所］	くろしお出版
	〒102-0084　東京都千代田区二番町 4-3
	tel : 03・6261・2867　　fax : 03・6261・2879
	URL : http://www.9640.jp　mail : kurosio@9640.jp
［印刷］	三秀舎